凛とした小国

伊藤 千尋

まえがき

平和憲法を持ち本当に軍隊をなくした中米のコスタリカでは小学生が違憲訴訟を起こす。この国について東京都内の和光小学校で話すと、6年生の櫻井奏楽《そら》君が言った。「日本をコスタリ化しよう」。

米国と国交を回復したキューバでは、個人崇拝をさせない姿勢が、カストロの死後も貫かれている。ゲバラの直接の部下はゲバラの魅力のもとがお母さんにあると話した。

シルクロードの中心地、中央アジアのウズベキスタンには正倉院につながる古代文化が息づいていた。日本では「危険な国」と言われたが、とんでもない。私が訪れた時はとても安全だった。しかも、かつてソ連という超大国の傘下にあったこの国は、他の国々とは違って自立に成功していた。

民主化したばかりのミャンマーを訪れると、軍事独裁政権の下で弾圧されてきたメディアの女性編集長の口から出たのは、「私たちジャーナリストが自ら要求し自由に発言できる報道の自由を勝ち取るしかない」という強い覚悟だ。

ミャンマーの報道の自由を主張する
週刊紙の編集長ルッラソーさん
＝2016年、ヤンゴンで

いま、小国が輝いている。

大国に従い、大国を目指してきたのが戦後の日本だ。だが、今や大国が世界で存在感をなくしている。これまで他の国を力ずくでねじ伏せてきた報いがテロや難民の流入という形で自らに跳ねかえり、米国も欧州も国を閉ざすことに懸命だ。自信をなくし内向きになって脅えるのが、今の先進国の姿である。

これとは対照的に世界に通じる価値観を持ち、胸を張って独自の国づくりをする凛とした小さな国がいくつもある。世界の見本となる価値観を持つ国さえある。抑圧されてきた人権や民主主義を勝ち取ろうとして支配権力に立ち向かう姿は、人間の尊厳を感じさせる。いずれも発展途上であり歴史的、経済的な事情から困難も多いが、懸命に生きようとする姿勢には見習うべきものが多い。

世界がグローバリズムの風潮に追いまくられて人間性を失う時代に、経済的には貧しくとも人間としての心の豊かさを求め、自立した独自の価値観を堅持している社会がそこに見えた。凛として主張する姿は、こちらの方が本来の大国のようにも思えた。

ここに掲げた4つの国は、いずれもそうした要素を持っている。もちろん、凛とした姿勢が永遠に続くとは限らないし、小国がゆえに国内で抱え持つ困難さや国際的な力関係で熱意がしぼんでしまうこともあるだろう。しかし、いま同じ地球上で彼らが示す毅然とした姿勢は、きちんと評価されるべきだ。

大国を指向したり大国にへつらったりするのは、もうやめよう。小さくとも輝く小国の民衆の存在感をかみしめ、私たちの社会をどうすればいいのかを考えるさいの参考にしよう。

目次

第一章
平和憲法を活用するコスタリカ

「木の妖精」と呼ばれるアカメアマガエル

はじめに――世界で最も幸せな国

おはよう、さようなら、など日々のあいさつのさいに「プーラ・ビーダ」と声をかけあう国がある。スペイン語で「純粋な人生」あるいは「清らかな生き方」という意味だ。日本では朝から晩まで「お疲れさま」と言われてそのたびに気が滅入るが、純粋な人生……と聞けば疲れも吹き飛んでうれしくなる。それがコスタリカだ。

この国は1949年、日本に次いで世界で2番目に平和憲法を持った。日本と違って完全に自ら創り、しかも本当に軍隊をなくした。軍艦も戦闘機も戦車もない。周囲の中南米の国々が内戦で明け暮れた時代も、この国だけは平和を維持した。さらにかつてコスタリカの大統領は内戦をしていた周囲の3つの国を回って戦争を終わらせ、1987年度のノーベル平和賞を受賞した。彼が行ったのは「平和の輸出」だ。自らの平和と中立を保ち世界に平和を広め平和国家としての地位を確立することが、この国の平和外交だ。

軍隊をなくしたために浮いた軍事費の分を教育費に充てた。そのさいのスローガンが「兵士の数だけ教師を作ろう」だ。以来、国家予算の約30％が教育費となり、中南米では奇跡的な教育大国になった。さらに「兵舎を博物館にしよう」と訴えて、本当にそうした。

教育の柱は人権と対話だ。小学校で最初に教わるのは「だれもが愛される権利を持っている」という言葉である。もし自分が国や社会から愛されていないと思えば憲法違反で訴えることができると、6歳で習う。このため小学生が憲法違反の訴訟を起こすという、日本ではありえないようなことが現実にある。この国では大統領選挙のたびに小中学校はもちろん幼稚園児も模擬投票をする。ただ形を真似るのではなく、親と子、子ども同士や先生とも議論してどの候補がいいかを自分で決める。授業も対話形式が多い。こうして小さいころから民主主義を体感する。

米国のトランプ政権が国境に壁を築き、欧州では難民を閉めだそうとする時代に、コスタリカは「だれも排除しない」ことを掲げた。内戦からの復興が遅れた隣国から人々が経済難民となってなだれ込んだが、すべて受け入れた。難民の子もコスタリカに住めば教育も医療も無償だ。しかも3年住めば国籍を与えた。このため400万人だった人口が500万人になった。人口の4分の1にも当たる移民を受け入れたのだ。

さらに環境問題では世界の先進国である。エコツアーの発祥の地だ。国土の4分の1を国立公園や自然保護区に指定して生物の保護に努めた結果、北海道より狭いコスタリカに世界の全生物種の6%が生息する。自然エネルギーが99%を占め、原発を建設する計画は過去になかったし将来もないと政府は断言する。

日本では考えられない現象がごく日常にあるコスタリカに行ってみよう。私は１９８４年に初めて訪れたが、その後たびたび足を運び、最近では２０１２年、２０１５年、２０１７年と、たて続けに訪れた。成田空港から１２時間ほどかけてアメリカに飛び、南のテキサス州で飛行機を乗り換えて南下すると、４時間で中米コスタリカの首都サンホセに着く。時差の関係でその日のうちに到着する。

空港の壁にポスターが貼ってある。滝が落ちる緑豊かな森と嘴《くちばし》が大きい色鮮やかな鳥の絵に「世界で一番幸せな国、コスタリカへようこそ」と書いてある。

事実、２０１４年に英国のシンクタンクが世界１５１ヵ国の幸福度を発表したさい、「世界で一番、幸福な国」に挙がったのがコスタリカだった。その後の世界のさまざまな調査でも常に上位を占めた。２０１７年の国連の「世界幸福度報告書」でも開発途上国の中で１位だ。ドイツよりも高く、５１位の日本よりはるかに上だ。

憲法を活用して平和立国、教育立国、環境立国を実現した、世界に誇る民主主義と人権の国の現状と由来、日本へのヒントを探ろう。

第1節　平和ブランドの構築

1　軍隊を禁止

コスタリカは日本に次いで世界で2番目に平和憲法を持った。日本の憲法が施行された2年後の1949年に施行されたのが現在のコスタリカ憲法だ。その第12条に「常設の組織としての軍隊は、これを禁止する」と明記した。

日本と違うのは、完全に自主的に平和憲法を制定したことと、条文どおりに軍隊を廃止したままでいること、一方で交戦権は認めていることだ。侵略されたら大統領が国民に呼びかけて志願兵を募ることにしている。しかし、過去にその必要はなかった。軍隊を持たずに平和を保っている。

なぜ、自主的に軍隊をなくしたのか。

「兵舎を博物館にしよう」というスローガンのとおりに
国立博物館となった旧軍参謀本部＝サンホセで

憲法が生まれる前の年、１９４８年にこの国で内戦が起きた。選挙の不正をめぐって政治的に対立する人々が武器を取って争い、約２０００人の死者が出た。軍隊があり武器があれば問題を武力で解決しようとする。それは社会を破滅させる。こうした反省の上に軍隊を廃止しようという発想が生まれたのだ。

もう1つは、国家予算に占める軍事費の多さだった。それまではコスタリカの毎年の予算のうち約3割を軍事費が占めていた。軍艦、戦闘機など軍事はカネがかかるのだ。軍事費をなくすことで予算をほかの部分にまわし、社会の発展につなげようと考えた。そこで生まれたスローガンがいくつかある。「トラクターは戦車より役に立つ」「兵舎を博物館にしよう」などだ。

首都中心部に、いかにも兵営だったらしい要塞のような建物が立つ。外壁には銃弾の跡が残る。かつての軍参謀本部、つまり旧日本軍でいえば大本営だった。それが今は国立博物館だ。平和憲法を創った当時のスローガンに沿って文字通り兵舎を博物館にした。先史時代から現代にいたるコスタリカの歴史が展示されているが、とりわけ軍隊をなくし平和立国に向けた政治の流れを詳しく説明する。

正面のレンガの壁に緑色のプレートがはめ込んである。そこに書かれたのは「武器は勝利をもたらすが、法律のみが自由をもたらす」という言葉だ。軍隊を廃止した当時のフィゲーレス大統領の言葉である。平和憲法を制定した当時、彼は壁のこの場所にハンマーを打ちこんで国軍の廃止を宣言した。

フィゲーレス大統領は亡くなったが、夫人のカレン・オルセンさんを首都郊外の自宅に訪ねて、当時のことを聞いた。彼女自身、国会議員や国連代表などをした政治家だ。壁一面びっしりと分厚い本が埋める書斎で向き合った。

「コスタリカが軍隊をなくしたときのことを詳しくお話ししましょう。きっかけは不正選挙でした。投票箱が盗まれたのです。それをめぐって対立が起きました。民主主義の闘士として立ち上がったのは教師やプロフェッショナルな仕事を持っていた人々など、高等教育を受けた人々でした。闘いで勝利した新しい政府は、選挙の公正を守ると宣言しました」

「政府の中心にいた夫は当時、向きあう問題について考えました。これっぽっちしかない予算を軍隊に使うか、それとも今直面している問題に使うか、と考えたところ、答えは一目瞭然でした。大きな反対もなく、みんなが一致して軍隊の廃止に向かったのです。それから60年たちましたが、軍隊があった方が良かったと考えるコスタリカ人は1人もいません。教育を受けた人が教育の重要性を説いたからこそ、軍隊をもたないでいられたのです。教育を受けた者だけが将来を見据え、行動することができるのです。動機を持った国民は、自ら立ち上がって国を良い方向へ向けていけるのです」

では、軍隊をなくして、どうやって平和を保ってきたのか。

2　本当の積極的平和

それは本当の積極的平和を政策としたからだ。

1980年、当時のカラソ大統領は人類に「理解と寛容、平和共存」の精神を広めようと、国連平和大学の創立を国連に提案し、設立された。コスタリカは首都サンホセ郊外の敷地を提供し、今も日本を含む世界中から学生が来て、世界が平和になるにはどうしたらいいかを学んでいる。日本人の教授もいる。

中南米は中米、南米、カリブ海の3地域に分かれ、コスタリカは中米地域にある。1980年代、中米では3つの国が内戦をした。コスタリカに隣接するニカラグア、そしてエルサルバドルとグアテマラだ。中米紛争と呼ばれる。このとき米国のレーガン大統領はコスタリカに飛行場の建設援助を申し出た。米国が支援するニカラグアの右派ゲリラに使わせようとしたのだ。

当時のコスタリカのモンヘ大統領はきっぱりと断った。さらに1983年、「永世、積極的、非武装、中立」を宣言した。コスタリカが国際紛争に巻き込まれないだけでなく、超大国の米国からも自立した外交を進めることを明確にしたのだ。

さらに1986年の選挙で当選したアリアス大統領は、戦争をしているこの3つの国をまわって対話を説き、内戦を終わらせる道をつけた。その功績で彼は1987年、ノーベル平和賞を受賞した。彼が進めたのは「平和の輸出」である。平和憲法を持つ国は、自分の国だけでなく周囲を、さらに世界を平和にする責任があるという考えからだ。

アリアス氏は大統領に就任した直後、国連総会でこう演説した。「私は、武器を持たない国から来ました。私たちの国の子どもたちは戦車を見たことがありません。武装したヘリコプターや軍艦どころか銃でさえ見たことがありません」「私は、小国ながら民主主義の歴史を誇る国から来ました。私たちの国では男の子も女の子も、弾圧というものを知りません」と。

私は彼を日本に招いたことがある。１９９５年に朝日新聞が主催したシンポジウムのパネリストになってもらったのだ。そのさい壇上で彼が語ったのは「私たちにとって最も良い防衛手段は、防衛手段を持たないことだ」という言葉だ。名言ではないか。

その３年前、日本の自衛隊が初めてカンボジアに海外派遣された。成田空港に着いた彼を迎えに行った私は、都内に向かう車の中で彼の意見を聞いた。アリアス氏は「日本は国際貢献の美名で自衛隊を派兵したが、どんな美辞麗句を用いても軍服を着た人間が行けば必ず現地の人から嫌われる。それよりももっと日本らしい貢献の仕方があるでしょう。カンボジアはこれまで内戦を続け病人やけが人が多い。ならば医者を送ればいい。白衣の医者の方が軍服を着た軍人よりもはるかに歓迎されます」と言う。なるほどと思っていると、彼は続けた。

「次に必要なのはカンボジアの産業の復興です。カンボジアの産業は農業で、日本と同じ水田耕作です。日本の農民を派遣して反当たり収量世界一の日本の農業技術を教えればいい。そうすればカンボジアのすべての田に稲がたわわに実り、だれもが食べられるようになる。飯を食えれば戦争なんかしませんよ。その次はカンボジアの将来です。将来を決めるのは教育です。先生を派遣して世界に優れた日本の教育を伝えればいい」

私は驚いた。たしかにこうすれば感謝されるだろうし、日本国内でだれも反対しないだろう。間髪を入れずにこうしたアイデアが出せるのは、日ごろから相手の立場に立った国際貢献をしてきたからだ。カンボジア派兵に当たっての議論でこうした案が日本の市民サイドから出て世論の支持を得ていれば、派兵よりも民間支援が優先されたかもしれない。

アリアス氏の行動や発言は、国際的な平和学に沿った考え方を実践したものだ。北欧や米国で発展した平和学では、ただ戦争がないだけの状態を消極的平和と呼ぶ。しかし、一見平和に見えても飢餓や貧困、虐《いじ》めや差別、社会格差など、構造的な暴力はある。国家間の摩擦や他国の騒乱を放置すれば戦争の拡大につながる。社会をおかしくする障害を取り除き社会正義が実現された世界を構築することを積極的平和と呼ぶ。英語で言えばPositive Peaceだ。コスタリカはまさに積極的平和を実践している。

日本では安倍首相が積極的平和主義を唱えるが、安倍首相が米国の保守派シンクタンクで語った言葉はProactive Contribution to Peaceだった。Proactiveという言葉は先制攻撃を指す軍事用語で、「やられる前にやれ」という意味だ。邪魔な相手がいればやられるより前に武力で制圧しようとか、武力を強化して相手を威圧しようという発想である。平和の対極にある発想だ。日本語にするときに国民に受けやすい言葉に訳したのだが、意図的な誤訳である。無論、国際的な平和学とは相いれない考え方だ。

3　女子高校生の誇り

その後もコスタリカは世界に平和を広めた。１９９７年にはＮＧＯと連携し国連に核兵器禁止モデル条約案を提出した。２００３年には世界で初めて「地雷ゼロの国」を宣言した。２００７年には改めて国連に核兵器禁止条約の交渉を提案し、２０１７年に締結交渉が開始するきっかけをつくった。２０１６年には「平和への権利宣言」を国連に提案し、採択へのきっかけをつくった。今や国際社会でコスタリカといえば「平和の国」「平和を広める国」という評価を確立している。

とはいえ、平和外交だけで大丈夫なのだろうか。侵略されたらどうするのだろうか。

首都サンホセは標高約１２００メートルの高地にある。軽井沢のように涼しくてしのぎやすい。目抜き通りを歩いていたら女性の警官が二人、街角に立っていた。目が合うと微笑んだ。「こんにちは」とあいさつした後、いきなり質問してみた。「あなたの国には平和憲法がありますが、侵略されたらどうするのですか」

警官は言った。「軍隊を持ってしまうと、どうしても武力を使いたがります。それを避けるためにも、軍隊を持たないことは素晴らしいことです。もし侵略されたら、まず私たち警察が対応しますが、政治家が平和的に解決してくれると信じています」

平和外交を展開するだけではなく、いざというときの備えもしているのだ。憲法にも「公の秩序の監視と維持のため必要な警察力は、これを保有する」とある。侵略など不穏な動きがあれば、まずは警察で対応する。

コスタリカの治安を守るのは警察が都市と地方と合わせて6500人、そして国境警備隊として地上に2500人、沿岸警備に400人、航空監視隊に400人いる。合計9800人。国境警備隊は1両の戦車も持たない。沿岸警備隊には1隻の軍艦もなく、ボートのような哨戒艇だけだ。航空監視に1機の戦闘機もなくセスナ機とヘリコプターだけである。これが防衛のすべてだ。

コスタリカにも現実には軍隊がある……と誤解している人がいるが、それは国境警備隊を軍隊と誤認しているのだ。普通、世界中の国には3段階で武装組織がある。社会の治安維持のための警察、国境を守る国境警備隊、そして他国と戦うための軍隊だ。日本では警察があり、海上保安庁という名の国境警備隊があり、自衛隊という名の軍隊がある。それぞれ内閣府、国交省、防衛省と、別個の組織に所属する。一方のコスタリカは警察と国境警備隊だけで、軍隊はない。

それだけで実際の侵略に耐えられるのか、という危惧があるだろう。コスタリカ憲法第12

条は「大陸内の協定または国内防衛のためにのみ軍事力を組織することができる」と定める。侵略された時に大統領が自衛のための軍隊を結成することができる根拠がこの条文だ。さらに、憲法制定に先立って1948年、アメリカ大陸にできたばかりの米州相互援助条約に加盟した。加盟国が他国から攻撃されたら団結して助けるという集団安全保障条約だ。そのさい、コスタリカは軍隊を持つのをやめたから他の加盟国が攻撃されても軍隊は出さず、医療支援など平和的な手段で応援するという条件をつけて了解された。

地方の町を歩いていたら、向こうから制服を着た女の子が歩いてきた。女子高校生だ。突然、質問してみた。「こんにちは、あなたの国に平和憲法があるのを知ってる?」「もちろんです」というので、重ねて聞いた。「侵略されたら、あなたは殺されるかもしれないよ。それでもいいの?」

彼女は驚いたことに、過去30年にわたってコスタリカが世界の平和のために何をしてきたかを具体的にとうとうと語った。そのうえで「この国を攻めるような国があれば、世界が放っておきません。私は歴代のコスタリカ政府が世界の平和に貢献してきた努力を誇りに思っています。私は自分がコスタリカ人であることを誇りに思っています」と言った。愛国心を強制されなくても女子学生が自分から誇れる国を、この国の政治家はつくってきたのだ。

第2節　憲法を活用する市民

1　大学生が大統領を違憲で訴え

「憲法違反」といえば大変なことだと思うだろう。だれかが違憲訴訟に踏み切ったと聞けば、ずいぶん思い切ったものだと驚きがちだ。だが、コスタリカでは市民が政府を相手取って気軽に憲法違反の訴訟を起こす。

首都サンホセの中心部に、灰色をした高層の建物がそびえる。最高裁判所だ。壁面の浮き彫りは「正義の女神」が天秤《てんびん》を頭上高く捧げる姿で、裁判の公正さを表す。建物の2階に、最高裁の裁判官22人が全員集まって会議をする大議事場がある。ここで広報担当であり憲法学者でもあるロドリゲスさんはにこやかに語った。

「自分の自由が侵されたとか人権を踏みにじられたと思うなら、だれでも違憲訴訟に訴えることができます。本人でなくても関係者でもいい。とりわけ人権侵害の問題なら弁護士も、訴訟費用もいりません」という。

あらたまった訴状などいらない。訴えたい内容を紙に書けばいい。決まった書き方などなく「新聞紙の端切れ」でもいい。パンを包んだ紙に書いた人やビール瓶のラベルの裏に書いて出した人もいた。わざわざ窓口に来なくても、ファクスで送ってもいい。最近は紙に書かなくてもよく、携帯のメールでも受け付けるという。訴えるのは外国人でもいい。「だれであろうと、人権を侵されたら、ここに来て訴えることができます」と、ロドリゲスさん。

もちろん重大な違憲判断も行う。国会で審議中の税制改革の法案が取り上げられ、正当な審議プロセスを経ていなかったとして違憲判断が下ったこともある。

2003年に米国がイラク戦争を始めたとき、当時のコスタリカの大統領は米国の戦争を支持すると発言した。このため米国のホワイトハウスのホームページにある米国の有志連合のリストにコスタリカの国名が載った。これを見て「平和憲法を持つ国の大統領が他国の戦争を支持するのは憲法違反だ」と大統領を訴えたのが当時コスタリカ大学3年生だったロベルト・サモラ君だ。

1年半後、彼は全面勝訴した。判決は「大統領の発言はわが国の憲法や永世中立宣言、世界人権宣言などに違反しており違憲である。大統領による米国支持の発言はなかったものとする。大統領はただちに米国に連絡しホワイトハウスのホームページからわが国の名を削除させよ」だ。大統領は素直に判決に従った。米国もホームページからコスタリカの名を削った。

ロベルト君は卒業後に弁護士となった。日本に来てNGOピースボートのスタッフも経験した。訴訟を提起したときのことをこう語る。「世界が平和でなければ、僕も平和に暮らせない。友人や教授に話すと裁判を起こしてもどうせ負けるからやめた方がいいと言われた。でも、憲法が危機に陥ったとき、国民には闘う責任がある」

それにしても大学生が大統領を訴えるなんてすごいね、と称えると、彼は涼しい顔でこう言った。「何が不思議なの？　コスタリカでは小学生だって違憲訴訟を起こしているよ。大学生が起こすのは当たり前さ」

大学を卒業後、弁護士となった
ロベルト・サモラ氏（右）と筆者
＝2011年、東京で

2　小学生も違憲訴訟

コスタリカでは小学生も憲法違反で訴えるのだ。

にわかには信じられず、再び最高裁のロ

ドリゲスさんを訪れて聞いてみた。事実、小学生がごく普通に憲法違反の訴訟を起こしていると言う。具体例を聞いた。

小学校の隣の空き地に産業廃棄物業者がゴミを大量に棄《す》てた。臭いがひどく落ち着いて勉強もできないし、校庭で楽しく遊ぶこともできない。生徒が「僕たちの権利が侵された」と違憲訴訟に訴えた。最高裁はこれを妥当な訴えだと取り上げ、子どもの学習環境に対する権利を認め、業者に対して投棄したゴミを回収し、行政に対しては不法投棄をさせないよう対策をとらせる判決を下した。

別の小学校では、校長先生が校庭に車を停めたために遊ぶ範囲が狭くなった、と子どもたちが訴えた。最高裁の判決は、校庭は子どもたちが好きなときに好きなだけ遊ぶ場所だと定義し、校長の行為は子どもたちの権利を侵害したとして、校長に駐車しないよう命じた。

それにしてもなぜ小学生が憲法を、さらに違憲訴訟の制度を知っているのだろうか。

コスタリカでは小学校に入学した子どもたちにまず「だれもが愛される権利を持っている。この国に生まれた以上、あなたは政府や社会から愛される」と教えるという。小学1年生でもわかる「愛される」という言葉で子どもは基本的人権を習うのだ。しかも「もし愛されてないと思ったら憲法違反だと訴えて、政府の政策や社会を変えることができる」とも習う。だから小学生が憲法違反の訴訟を起こすのだ。

なにも小学生が憲法のすべてを学ぶのではない。人権という最も大切な一点を最初にしっかりと頭に入れる。政府や社会は一人一人の人間の人権を守るべき存在であることも、このときすべての子どもの心に根づく。

子ども以外の違憲訴訟の例を聞くと、薬屋に薬を買いに行くとその薬を置いていなかったとして憲法違反で訴えたおじいさんの例を挙げた。薬がないくらいで憲法違反になるのかと驚いた。ちゃんと判決が出ていると言う。

判決は、生存権に照らして、おじいさんにとってこの薬がなければ健康な生活が維持できず、明らかな憲法違反だという。薬屋に対しては、この薬をいつも置いておくよう命じた。そのあとの項目を見て、私は驚いた。「おじいさんはどこかに旅行するかもしれない。全国の薬局にこの薬がいつも備えてあるよう、国は薬事行政を徹底せよ」と書いてあった。

これがコスタリカだ。私たちの目から見れば「ささいな」ことのように思えることでも、権利の侵害はいささかでも放置しないという意識が根底にある。

日本国憲法では第25条の生存権で「健康で文化的な最低限度の生活」が保障されている。実態はかけ離れているのに、国民はあきらめている。コスタリカの発想は逆だ。「憲法に記された理想は実現されていなければならない」という凛とした姿勢がある。憲法に反する実態があれば市民は直ちに違憲訴訟で訴えるし、裁判所側は迅速な判決で答える。

日本とはだいぶ違う。日本の国民は憲法を身近に感じていないと言ったら、ロドリゲスさんはこう語った。「コスタリカでもかつては、憲法は図書館に飾ってあるようなものとしか思われていませんでした」と。

3　憲法裁判所の制度

市民が憲法を自分たちのものとして使おうという考えが高まった1989年、コスタリカは憲法裁判所の制度を採用した。憲法をめぐる裁判を専門に審議する裁判所である。ドイツやフランスなどヨーロッパで一般的な制度だ。日本はこれと違ってアメリカ型だ。

コスタリカでは最高裁判所の中に4つの法廷がある。第1法廷は民事を、第2法廷は労働や家庭問題を、第3法廷は刑事を扱い、そして第4法廷が憲法法廷すなわちこの憲法裁判所である。憲法裁判所は7人の判事で構成される。

そこに持ち込まれる中で最も多いのが基本的人権の侵害を訴える「庇護申請」だ。2014年はこれが9割を占めた。次に多いのが身体的な拘束や自由の保障で、全体の1割近い。そして最後が狭義の違憲審査で1・5%だった。コスタリカでも国の政策に関するような違憲訴訟は、日本と同じでそんなに多くはないのだ。

とはいえ、ゴミの投棄や車を停めたことくらいで違憲訴訟になるのなら、何でも違憲訴訟になりそうだ。いったい年間に違憲訴訟は何件くらいあるのだろうか。ロドリゲスさんは資料を見ながら答えた。「年々増えており、2014年の1年間だけで1万9470件でした」

とはいえ、このうち39％は憲法とは関係がなかったり単なる個人的な争いだったりして、違憲訴訟にふさわしくないため受理されなかった。何でも引き受けるわけではないのだ。また、受理されたうち却下された事案が29％あった。最終的に違憲と判断されたのは19・76％だ。

では、訴訟が提起されてから判決まで、どのくらい時間がかかるのだろうか。「2012年の記録では、訴訟が個人の身体の拘束に関わる場合は平均16日でした。庇護申請の場合は平均1ヵ月と3週間で、重大な違憲判決は平均16ヵ月と3週間です」とロドリゲスさん。重大な違憲裁判も1年半で決着がついてしまう。なぜこんなに早く審理が進むのか。

まずは判断基準が明確なことが挙げられる。公の利益につながることなら取り上げ、個人的な利害に絡むものは退ける。そして長年やっているうちに慣れてきたことも理由にある。憲法裁判所の制度が採用された最初の年の受付件数は365件だった。それから毎年約1000件の割で増え続け、裁判所もそれに応じて職員を増やすなど対応してきた。今は判事のほかに弁護士資格を持つ専門職の職員59人をかかえている。

さらに2010年にはコンピューターを取り入れ、訴えの内容や処置などをデータ化した。お役所仕事につきものの紙を使わなくなり、今では判事の採決もボタンで行っている。訴えた人への決定も携帯電話にメッセージとして送られる。

最高裁判所の建物の正面の入り口を入ってすぐ右の部屋は、違憲訴訟を受け付ける「憲法裁判所」の窓口だ。憲法に書かれた権利を侵されたと思った国民は、ここに駆け込む。私が訪れたときも3人の男女が訴えに来ていた。

「最高裁の事務は午前7時半から午後4時までですが、違憲訴訟の窓口は1日24時間、1年365日、休みなく開いています」とロドリゲスさんは説明する。なぜ訴えの窓口をいつも開けておくのだろうか。

「基本的人権は常に守られなければならないからです」とロドリゲスさんは言う。「人間が自由を奪われるケースなどでは直ちに対応することが求められますから、即応できるようにしています。市民の人権を守るためには迅速な対応、迅速な回答が必要です」

こうしてコスタリカでは憲法の平和条項だけでなく、憲法のすべての条項を市民が活用するようになった。そこが日本とは違う。憲法は絵に描いた餅ではなく、実際に国民の生活に適用されるべきだという国民の合意がある。

一見、訴訟社会のように見えるが、違憲訴訟は個人の利益のためにするのではない。社会のおかしな点に気づいた者がそのつど指摘し、みんなの手でより良い社会を創ろうという発想に立っている。社会のための訴訟だから費用も公費で負担する。だから小学生でも違憲訴訟ができるのだ。

日本もコスタリカのように憲法裁判所の制度を採用すれば、基本的人権の考えが広がり、国民が憲法を活用する方向に向かうのではないか。それは無理なことではない。隣の韓国も以前はアメリカ型だったが、1988年に軍事政権から民主化したさいに憲法裁判所の制度を採用した。2017年に朴槿恵《パククネ》大統領を罷免するかどうかの弾劾審査を行ったのもこの憲法裁判所だ。

ロドリゲスさんは最後に憲法とは何か、を明確に語った。「憲法は国民の権利を保障し、権力者の権力の及ぶ範囲を制限するものです」。帰り際に憲法裁判所の窓口を見ると、来た時にいた男性の1人がなお粘り強く主張していた。

第3節　子どもの自立を目指す教育

1　兵士の数だけ教師をつくろう

コスタリカが平和憲法をつくったさい、軍隊をなくす決断をした理由の1つに、乏しい国費を社会の発展に役立つために使おうと考えたことが挙げられた。では、何にカネを出せば社会は発展するのだろうか。

国会でそれを真剣に議論した。その結論が、教育だった。一人一人が自分で考え自分で行動する、そのような自立した国民を育んでこそ社会は発展すると考えた。そこで軍事費をやめて浮いた費用をそっくりそのまま教育費に充てようと決断したのだ。ここで生まれたのが「兵士の数だけ教師をつくろう」というスローガンである。実際にそうした。

コスタリカでは平和憲法をつくって軍事費を教育費に回そうと決めた1949年から、国家予算の20～30％が教育費に充てられてきた。2014年度は29・1％だ。実際に支出された数字を見ると、発表された最新の統計の2009年で35・63％だ。憲法では「国の教育費は国内総生産（GDP）の6％を下回らないこと」と定め、その後は8％に増やした。

長年にわたって教育に力を入れた結果、開発途上国には珍しい教育国家となった。2015年の識字率は98％に迫る。隣のニカラグアが80％に達しないことや中米地域の大国メキシコが94％であることを見ても、コスタリカの傑出した教育度がうかがえる。

この国の教育の内容を知ろうと、日本の文部科学省に当たる公教育省を訪れた。

コスタリカでは小学校に入学する前の1年間、文字の読み方や書き方など、学習のための準備をする教育を受ける。これを含めて5歳から15歳まで小中学校の計10年が義務教育だ。教育費も給食費も無償である。小学校への入学は6歳6ヵ月だ。

学生生活課のグロリアさんは教育の目標を「市民の権利意識をきちんと持ってもらうことです」と明瞭に語る。さらに「だれもが一市民として国や社会の発展に寄与でき、1人の人間として意識でき、何よりも本人が幸せであること」が目標なのだという。

そのうえで「わが国は人権の国です。他人の権利を認めることが平和につながる。自分と同じく他人の人生を人間として尊重することから民主主義が生まれる。コスタリカは平和の文化を創ろうとしています」と話した。

学習指導のガイドラインや教科書もあるが、「先生が教科書のページを追うことに懸命になるのはよくない」と語る。教科書に頼らず先生が自分でプリントを作るなど自主的な授業作りを奨励している。それは先生の創造性を削《そ》いではならないという考えからだ。環境教育では農業を理科の時間に組み込んだ。実際に畑に行って農業を体験しながら考えるようにした。

日本では教科書に沿って授業をどんどん進め、理解できない子は置いて行かれることになると話すと、グロリアさんは「コスタリカではそれぞれの子どもに合ったやり方で教えます。授業についていけないのはその子のせいでなく制度が悪い。全員が同じ速さで覚えなければならないというシステムがおかしい」と指摘した。さらに「一生懸命やっている生徒を排除してはなりません。それぞれの子がどうしたら頭に入りやすいかを、先生が考えるべきです。生徒各自に合ったやり方があります」と話した。

それでも授業についていけない子はどうなるのか。別の担当官に聞くと、実は毎年約6％が落第するという。小学校でも落第の制度があるのだ。「なぜ落第があるのですか？」と質問すると「日本ではすべての子どもが授業を完璧に理解するのですか？」と逆に質問された。落第した子には特別のクラスを作って先生がつきそって教え、小学校卒業時までにほかの子のレベルに追い付けるようにする。授業が理解できなくても進級させる日本と、落第させてでもとことん理解させようとするコスタリカの違いだ。

2　個人の平和の確立が原点

このところ進めているのが、創造性と革新をキーワードに子ども自身が自分の人生を設計するプログラムだ。生徒自身が幸せで満たされること、同級生と道徳的な価値観を共有し共存・信頼関係を築くこと、自然との間で持続可能な発展ができること、だれかの言葉をうのみにするのではなく批判的に考えて自分自身の考え方を抱くようになること、が目的だという。

そのさいの柱として民主主義、人権、平和の３つを挙げた。民主主義では地域や国家の活動への参加、政治の透明性、国や地域独自の民主制度の尊重をうたい、人権では生徒の権利の保障、規範に従った人権の保護、家庭での権利と義務に基づく実践を、平和ではこの国に根を下ろした民主主義の価値としての自分と他人の自由、より調和のとれた関係を築くことに責任を負うこと、などを掲げる。すべてのカリキュラムにこれが含まれ、実践を通してこうした価値観を生徒が獲得するようにする。

ちなみにこの３本柱は、日本国憲法が掲げる３大原則の国民主権、基本的人権の尊重、平和主義と同じだ。コスタリカをうらやましく思わずとも、日本の憲法をそのまま実行すればこうなるのだ。

創立から106年になるという首都の小学校を訪れた。休暇の時期で生徒はいなかったが、きれいにかたづいている。先生は「1年から6年まで42クラスあります。今は1クラス最大30人いるけど、20人が理想です」と話す。ほかに落第した子どもたちのクラスもある。学年が終わるたびに試験をし、一定の成績をあげないと進級できない。だから落第した生徒のためのクラスを設けている。障害児のための特別学級もあった。ここは最大12人で、それ以上になると、専任の先生をもう1人増やすという。

子どもたちが野菜作りをしている広い庭園に大きなテーブルと椅子を置き、青空教室として使っている。図書室の入り口には「幸せへの道」という札が掲げられていた。

町の書店で教科書を探すと、日本の中学2年にあたる公民の教科書があった。第2章は「コスタリカ　自由の祖国」というタイトルだ。いきなり「テーマについて調べてみよう」という項目があり、「『平和とは戦争がない状態ではない』といわれるのは、なぜでしょうか?」と書いてある。平和学の概念についてきちんと教えるのだ。

そのあとに「平和とは理想、希求する心からなるものであり、それを実現するためには個人がそれぞれの平和を確立することが必要です」と書いてある。平和とは「すでにある」状態ではなく「これから創る」ものだという平和学に基づく発想が基本にある。そして平和の出発点は国や社会ではなく、一人一人の人間が平穏に暮らせることであると説く。

ここで大切なのは、平和の出発点を自分という個人の平穏な生活に置くことだ。日本では平和を語る際にまず国家を考えがちだ。国が平和であるためには国民の犠牲は当然だという考えがそこから生まれる。一方、コスタリカの平和の発想の原点は個人である。まず一人一人の国民が平和に暮らしていると感じられてこそ、社会も国も世界も平和であるという。大きな違いだ。

公民の教科書にはそのあと、こんな記述があった。「国家を統治している多くの人々は、ある1つの似通った、嫌な考えを持っています。権力を失うことを恐れています。裏切り、不誠実なスピーチを聞く機会がたくさんあります」。こんなことが載っている教科書って、日本では考えられない……。

3　だれも排除しない

最近の大きな問題は隣の国ニカラグアからの大量の移民の子だ。コスタリカはこれらの人々をすべて受け入れ、無償で教育し給食も与えている。

コスタリカ憲法第19条は「外国人も教育、健康ではコスタリカ国民と同じ権利を持つ」と、また憲法第33条は「人間は国籍や人種、宗教にかかわらず誰しも平等である」と規定している。だからコスタリカにいる外国籍の子どもたちも、コスタリカの子と同じように無償で教育を受けられるのだ。

この国の移民政策には驚かされる。コスタリカの人口はつい最近まで約400万人だったが、今は500万人を超える。短期間に100万人規模で移民を受け入れたのだ。たった1人の移民の受け入れにもためらう日本政府や難民で右傾化する欧州、さらにはメキシコからの不法移民の侵入を防ぐために壁を築こうとする米国のトランプ大統領と比べて、発想が逆である。

ニカラグアは貧しく内戦からの復興も進まないため、学校に通わなかった子も多い。そんな子はコスタリカの学校に編入しても、教室で席に着くことさえできず走り回る。こうした子どもをどう教育するかで早くも1996年、先生たちと国連平和大学が共同で平和教育プログラムを開発した。小学校では学年ごとに7つのテーマを設け、6学年で42の指針を作った。私がそれを初めて見たのは2002年だった。分厚い紙の束を手に女性教師コンスエロ・バルガス先生が話した。

指針の最初は人類の歴史を教えるのだという。地球の誕生から三葉虫、恐竜、哺乳類を経てようやく人類がこの世に出てきたことを教えると、「それまで教室を走っていた生徒がピタリと止まるんです。自分はかけがえのない存在だと理解し始めるのです」とバルガス先生は語った。

先生に「あなたの教育の目標はなんですか」と聞くと、「私の教え子が卒業する時に自分の頭で考え行動できるようにすることです」と即座に答えた。自立した人間を育てるという目的意識が明確だ。また子どもの人権という場合、「温かい家庭で生活する権利があることも教えます」と言う。子どもたちが自分を確立し今後の人生を見据えることを後押しする。子どもたちに目標を見つけさせ、自分自身が幸せになることを夢見るように教えている。

難民教育に尽くすコンスエロ・バルガス先生
= 2017年2月、サンホセで

それから15年後の2017年、私はバルガス先生に再会した。ニカラグアからの移民が住む首都サンホセのスラム、ラ・カルピオ地区の幼稚園の園長をしていた。自分で志願して着任したという。

幼稚園には4歳から5歳の364人の子どもがいた。ほとんどがニカラグア移民の子だ。シングルマザーの子が7割を占め、幼稚園の給食が一日で唯一の食事という極貧家庭の子もいる。

ニカラグアから来た移民にはゴミ箱にゴミを捨てる習慣がなかった。幼稚園ではまず子どもたちにゴミの捨て方から教えた。子どもの変化を見て親も変わり、夜間学校や職業訓練校に通う親が増えた。子どもの感情が安定すると親も育て方が暴力的でなくなる。家庭崩壊は子どもの健全化から回復するとバルガス先生は経験から説く。

バルガス先生がここで進めているのが「共に生きる教育」だ。自分との平和、他人との平和、自然との平和の3つを掲げ、持続可能な発展を目指す。実践を通して仲間と共に生きる価値観を築き、もめごとを平和的に解決する方法を学ぶのだ。平和教育について、バルガス先生はこう語る。

「平和とはただ戦争がないだけを指すのではありません。周りの人々と力を合わせ平等で健康な環境のもとで共に生きていくことが平和です。コスタリカの学校では、まず自分自身の平和をどう築くかを学びます。何か葛藤を持っていても、それをポジティブに使えるようにします。自分が平和でないと他人に平和を与えられません。まず自分を平和にするのです」

「次に、他人を平和にすること。それには相手の権利を尊重することが必要です。自分の存在が周りにメリットがあるようにするのが平和の基礎です。人はだれも自分たちが住んでいる世界に対する責任があります。すべての人々に善をもたらすことが必要です」

「たとえば気候変動です。私たちの行動の結果が気候に影響します。それが自分に跳ね返ってきます。私たちは一人ではなく、つながりあって生きています。すべての生き物と調和し自分の責任を感じながら、守るべきことは守らなければなりません。共生する地域が広がれば、より大きな未来を創ることができます。子どもがよくなることで次世代、未来がよくなります」

第4節　民主主義を実践する国会

1　子どもも政治に参加

日本では2016年から選挙権が18歳に引き下げられたが、コスタリカは1974年からすでに18歳だった。若者の政治への関心の高さは日本の比ではない。コスタリカでは大統領選挙のたびに子どもの模擬投票が行われ、小学生はもちろん幼稚園児も参加する。小さいころから政治への参加を体験するのだ。

2002年の大統領選挙のとき、その様子を見た。大統領選挙の当日、模擬投票の投票所となった首都サンホセの高校には子どもたちが詰めかけていた。投票用紙を見ると政党のマーク

子どもによる大統領選挙の模擬投票、女子高校生（左）が選挙管理委員会の役割をする＝2002年、サンホセで

と大統領の顔写真が並び、下にチェックを入れる欄がある。用紙のわきに「模擬投票用」と印刷してあるが、本物の大統領選挙の投票用紙そのままだ。なにせ国の選挙管理委員会が発行するのだ。遊びごとでやっているのではない。

模擬投票で選挙を取り仕切る選挙管理委員会の役をするのは高校生だ。委員の一人、高校2年生のベルメデスさんによると、地域社会の授業の一環としてやっているという。生徒同士の話し合いで責任者、会計や受付、立会人などの担当を決めた。国の選挙管理委員会にかけあって投票用紙を発行してもらい、選挙の1週間前までに地域の子どもたちに呼びかけて選挙登録をしてもらった。投票用紙の印刷代や生徒の昼食などの費用は、選挙に参加する子どもたちのお小遣いから寄付してもらう。

投票に来た子どもたちの多くはこの高校の生徒や近所の小中学生だが、3歳の幼児も父親に手を引かれてやってきた。受付で登録名簿と照合し、用紙を受け取って仕切られた場で記入し、高校生の介添えで投票箱に入れた。

セペタ校長によると、この高校で大統領選の模擬投票をするのは5回目だ。「生徒自身が民主主義を学ぶとともに、より小さな子どもたちに民主主義を教える良い機会となります」と語る。投票時間は午前8時から午後5時までで、午後6時には記者会見を開いて投票結果を発表する。記者が詰めかけるのは、それまで4回の投票結果が実際の大統領選の結果と同じだったからだ。

子どもたちは投票の形だけをまねるのではない。実際の候補者の公約を知り、どの候補者がいいかを教室で友だちと話し合う。家庭で親と子が政府の政策について意見を闘わすのはごく普通に見られる光景だ。

実際の大統領、国会議員選挙の選挙運動の期間は3ヵ月あり、選挙が近くなるとあちこちの家の軒先にカラフルな旗が翻る。街を走る車がクラクションを鳴らし、窓から旗を振る。自分が支持する政党の旗を掲げるのだ。まるで祭りのようなにぎやかさになる。日本では政治の話題は敬遠されがちだが、コスタリカでは学校でも家庭でも地域でも、子どもも主婦もサラリーマンも、自分の意見を堂々と主張し、真剣に話し合う風景があちこちで見られる。酔ってけんかにならないように、投票日の前後3日間はアルコールの販売は禁止される。

選挙の当日、投票所に行くと政党ごとにテントが張られ、その中に政党のマークをつけたTシャツを着た子どもたちがたくさん座っていた。自分が支持する政党の選挙の手伝いをするのだ。あたりを歩いていると小学生くらいの女の子が私に近づいて「だれに投票するか、もう決めましたか? まだなら、ぜひ、○○候補に入れてください」と話しかけてきた。私を有権者と思ったのだ。

選挙を管理するため、常設の独立した特別な裁判所がある。選挙最高裁判所だ。選挙前の半年間、警察も含めて選挙の管理をすべて統括し、選挙違反にも目を光らせる。このため行政、立法、司法と並んで第4権力と呼ばれる。1948年に選挙の不正をめぐって内戦が起きたため、二度と不正が起きないようにしようと設立された。国会が選出した3人の主任裁判官と6人の補佐裁判官が取り仕切る。

2　国会議員の3人に1人は女性

コスタリカの国会は、日本と比べるとすこぶる人間的だ。

日本の国会では議員の席が半円形になって議長席を向いているが、コスタリカの国会は長方形ですべての議員が向き合う。いかにも言論、議論の府という配置だ。日本では議員が簡単に欠席するが、コスタリカではそうはいかない。「欠席した時間の分は給料から差し引かれます。わが国の議員は実によく仕事をしています」とルイス広報官は話す。

議員の席からほんの2メートルしか離れていないガラスの向こう側は、市民の傍聴席だ。日本では傍聴席にプラカードなどの持ち込みは禁止されているが、コスタリカはプラカードでも横断幕でもなんでも持ち込み自由だ。傍聴する市民はときどきガラスにプラカードを押し付けて、議員にプレッシャーをかける。議場の討論の内容はスピーカーで傍聴席に流れる。市民はガラスを通して議員の様子を間近に見る。議員の発言に怒った市民がガラスを強くたたいたため、あちこちにひびが入っている。

国会は一院制で定数は57だ。2017年に訪れたとき、うち1人は全盲で、女性議員が20人いた。3人に1人が女性だ。日本と比べれば女性の割合がかなり多いが、「残念ながら目標値には達していません」とルイスさんは申し訳なさそうに言う。コスタリカでは「選挙で選出されるポストの40%以上は女性でなくてはならない」という法律がある。女性の社会進出を進めるため、一定の割合を女性にするというクオータ制を採用している。男女平等を憲法で掲げるからには実際にそうなるよう法的に整備していこうとする姿勢がある。

これは大切なヒントだ。日本ではいくら男女平等と言っても現実には不平等のままである。それはきちんとした法制度を作らないからだ。1985年に男女雇用機会均等法が作られたが、明らかに不十分である。だから世界経済フォーラムの2016年度の男女平等ランキングで、日本は111位というひどさだった。

日本の選挙は小選挙区と比例区の併用だが、コスタリカは完全比例代表制だ。選挙のさい、各政党はあらかじめ候補者のリストを出す。有権者は個人でなく政党に投票する。選挙は4年に一度で連続再選はできない。いったん議員になれば、次の4年は立候補できない。「連続して8年議員をすれば、権力にしがみつきたくなるものです。その可能性を摘もうと考えました」とルイスさん。権力者を生み出さないようにしたのだ。一方でせっかくの経験が失われてしまうという議論もある。

大統領の場合は、以前は完全に再選禁止だった。一度大統領になれば二度となれなかった。独裁者をつくらないという発想からだ。これは若手の政治家に対する人権侵害だという違憲訴訟が元大統領から出た結果、今は再選ができるようになった。ただし間に8年を置かなければならない。

国民の政治に対する関心は強く、投票率も以前は高かった。1998年の大統領選挙では82%だ。しかし、以後はしだいに落ち込んだ。政治家の汚職などのため政治への信頼が失墜してきているという。コスタリカだってすべてがうまく行っているわけではない。

以前、日本の選挙で「コスタリカ方式」という言葉がはやった。選挙戦術の1つで、同じ政党の候補者が競わないように小選挙区と比例区から別々に立候補させ、それを選挙ごとに入れ替えるやり方だ。しかし、コスタリカには小選挙区はなく完全比例代表制だから、本来、こんな言葉はコスタリカにはない。後に首相にもなった森喜朗《よしろう》氏が自民党の幹事長でコスタリカ友好議員連盟の会長だったさい、連続再選を禁じたコスタリカの選挙方式から命名したのだ。中身はまったく違う。

コスタリカで国会を案内してくれたルイスさんに日本のコスタリカ方式について話すと、「ええ、知っています。ちょっと首をひねりますが」と苦笑した。

3 コスタリカと日本国民にノーベル平和賞を

コスタリカ国会は2015年、「平和憲法を長年保ってきた日本、コスタリカ両国民にノーベル平和賞を授与させよ」という満場一致の決議をノルウェーのノーベル賞委員会に送った。

全文は12の項目から成る。第1に「平和は人類の共存と発展に特別の価値がある」とうたう。第2から第4までは、軍事でなく開発や教育に尽くす国が世界のモデルになると説いた。

第5にコスタリカ憲法の「軍隊は禁止する」という条文を示し、第6でコスタリカが国連平和大学や永世中立宣言など世界の平和に貢献した歴史を述べた。

日本が登場するのは第7だ。日本国憲法第9条の全文を掲げた。第8では「この決定を保持することで日本国民もまた世界の社会にとって模範となったうえ、経済的、社会的、政治的に大きく飛躍した」と憲法の平和条項が果たした役割を述べた。第9では、両国がともに「再軍備を望む国内外の圧力をはねのけた。それは両国民の平和への使命感が重く深く根ざしていることを示す」と、平和憲法を保ってきた努力をたたえる。

第10でノーベル平和賞の意義を確認し、第11ではコスタリカと日本という経済や歴史、文化などがまったく異なる国がしたことは「世界のどの国民も軍事力なしに生存し発展できることを示している」とうたった。最後の第12で、両国民にノーベル平和賞を与えれば、憲法の条文をいっそう維持しようと努めるし、世界の様々な国が軍隊をなくすことにつながる、と結んだ。

このような決議が出されたのは、仲介した人がいたからだ。日本で「憲法9条にノーベル平和賞を」の運動があることを、東京の女性、遠峰喜代子さんが友人であるコスタリカのオットン・ソリス議員に伝えた。彼は与党、市民行動党の創設者で国会議員の重鎮だ。興味を持ったソリス議員が国会に働きかけてこの決議となった。

ラミレス議長とともに同席しているソリス議員（右）**に語りかける羽生田さん**（左）。**中央は筆者**＝2017年2月、コスタリカ国会で

２０１７年２月に私がコスタリカを訪問したさい、遠峰さんと、日本で「憲法９条にノーベル平和賞を」の運動をしている市民団体のメンバーの羽生田《はにゅうだ》友貴《ゆうき》さんらも同行した。国会を訪れるとラミレス国会議長とソリス議員が迎えてくれた。羽生田さんは連帯のアピールを読み上げた。

　ラミレス議長は「国会議員５７人を代表して皆さんを歓迎します。コスタリカ国民は全員、平和の価値観を持っています。政党はいろいろありますが平和の価値観では共通しています。私たちは平和を輸出しようと考えています。平和に向けて協力していきましょう」と語った。

　ソリス議員は「魂の底に響く深い言葉をいただきました。平和の価値観を共有する人々を迎えてうれしく思います。政府でなく国民にノーベル平和賞をという日本の運動を聞き、素晴らしいアイデアだと思いました。妻に話したら『コスタリカ国民もいっしょに平和賞を受ければ』と言われ、両国民にノーベル平和賞をという国会決議の案が生まれました。すべての議員が賛成してくれました」と話す。

さらに「コスタリカと日本はとても異なった国です。異なった国が同じ価値観を共有できるということは世界のどの国も共有できるということです。世界で最も経済発展した日本と、世界で最も民主主義が発展したコスタリカが、いずれも軍隊をなくした憲法のおかげで発展できたことを世界に知らせれば、軍事力を持たなくてもいいのだと他の国の人々に思わせることができます」と語った。

第5節　環境先進国

1　エコツアー発祥の地

首都サンホセから北東へ。カリブ海に面し、ウミガメの産卵で世界的に名高いトルトゥゲーロ国立公園を目指した。途中の峠で国内唯一のトンネルを通った。この国は自然破壊をしないためトンネルを極力作らない方針にしている。ここにトンネルを作ったのは、普通の道にすれば国立公園を分断することになるからだ。動物たちが行き来できるように人間がトンネルで地下を通るようにした。

車で3時間走ると川に行き当たった。バス道路沿いの樹にナマケモノがぶら下がっている。ごく日常的に自然と接することができるのだ。ここからボートに乗って1時間半。エコツアー専門のロッジに入った。中庭の木の枝に「木の妖精」と呼ばれるアカメアマガエルがしがみついてひょうきんな表情を向ける（15ページ参照）。

翌朝、ボートで川を遡ると、沿岸の樹の枝にイグアナがいた。頭上高くホエザルが鳴く。低木を飛び回るのは羽が青く光るモルフォ蝶だ。「世界で最も美しい蝶」と言われる。水面近く川面でワニが目だけを出してこちらを見つめる。水面に突き出た瀬にはシラサギが一列になって羽根を休めている。

コスタリカは環境保護の先進国だ。そもそもエコツアー発祥の地である。きっかけは1950年の朝鮮戦争だ。絶対平和主義を掲げる米国アラバマ州のクエーカー教徒11家族41人が翌1951年、徴兵を避けるため平和憲法を持つコスタリカに移住した。彼らは酪農で生計を立てる一方、地元の農民も参加した協同組合で森林資源の保護に乗り出した。この組合が中心となってエコツーリズムを始めた。適所が適材を引き付けて、いっそう素晴らしい地に発展してきたのだ。

今は海外からコスタリカに毎年200万人を超すエコツーリズムの客がやって来る。北海道の広さにも満たない国土に地球上の全生物種の6％に当たる50万種以上の生物がすむ。中でも蝶類は10％で、全アフリカ大陸にすむ蝶の種類を合わせた数よりも多い。国土のほぼ4分の1の24％が国立公園や自然保護区に指定され、太平洋上のココ島は恐竜が現代によみがえる米国の映画「ジュラシック・パーク」のモデルとなった。

環境への取り組みは早く、１９６９年に森林伐採の規制と森林局の創設を定めた最初の森林関連法を制定した。１９９３年には野生生物基本法が制定され、９４年には環境エネルギー省が創設された。９５年には環境基本法、９６年に木の伐採に細かい条件をつけた森林法、さらにこれらを統合してあらゆる生物の保全を目指す生物多様性法が制定された。

この間、１９９４年には憲法を改正して環境権を取り入れた。憲法第５０条の「福祉、生産と富の最適な配分の権利」に加えて「すべて国民は健康で生態的に均衡のとれた環境に対する権利を持つ」と明記したのだ。

2　空気の輸出

エコツーリズムを私が最初に体験したのは2003年だった。首都サンホセからバスに乗り、熱帯雲霧林《うんむりん》と呼ばれる雲と霧に包まれた森に入って1時間。ロッジが見えた。滝のように降るスコールの雨の中を両手に荷物を持って走り出すと、ホテルのフロントに立っていた白髪のおじいさんが雨の中を走って来て、私の荷物を1つ持っていっしょに走ってくれた。チェックインして部屋が決まったが、１００メートル離れた山小屋まで雨の中を歩かなければならない。傍らにいた白髪のおばあさんが私に傘をさしかけ、ずっと付き添ってくれた。

環境への取り組みを語るロドリゴ・カラソ元大統領
＝2002年、サンラモンで経営するホテルで

翌朝、雨が上がって清々しいので散歩した。ロッジの前を若い従業員が竹《たけ》箒《ぼうき》で掃除している。彼と立ち話してわかったのは、前夜、雨の中で私の荷物を持ってくれたおじいさんが元大統領で、私に傘をさしかけてくれたのが元大統領夫人ということだ。驚いてロッジを見ると、あの白髪のおじいさんが早朝からフロントに立っていた。

ロドリゴ・カラソ氏。コスタリカの第３８代大統領である。１９７８年から８２年までコスタリカを率いた人だ。国連に提案してコスタリカに国連平和大学を建設したのも彼である。今はこのエコロッジのホテルを経営しているという。

前夜のお礼を述べたあと、「なぜ元大統領がホテルを経営しているのですか」と素朴な質問をした。彼は「大統領の任期を終えたあと、これからは1人の市民として社会の発展のために尽くそうと思った。当時のコスタリカはすでに平和国家への道も教育国家への道もできていた。足りないのは環境国家への道だと思った」と語る。「地球環境を考えるのも大切だが、一人一人が自分と環境とのかかわりを認識することが必要だ。そのためにエコツアーを始めようと考え、それまでに貯めた財産でエコロッジを建てた」と話す。大統領まで務めた大物がスパッと政治家を辞め、個人の資産をなげうって社会のために尽くそうと考えたのだ。権力とカネにしがみつく日本の政治家に聞かせてやりたい。

目の前には深い森がある。1990年ころの日本に東南アジアでの熱帯雨林の伐採問題があったことを思い出した。「コスタリカでは木を切らなかったのですか」と問うと、カラソ氏は「コスタリカでも切りました」という。伐採して売れば、手っ取り早い現金収入になったからだ。その結果、1940年代には国土の75%以上が手つかずの森林だったのが、80年代には30%にまで減った。

「コスタリカでは30年後を見据えて政治をします。このままだと子や孫に木のない山を残すことになる。これではいけないと国会で論議し、その年から木を切るのをやめて、逆に植林に乗り出したのです」とカラソ氏は言う。

そしてニッコリ笑って、こう付け加えた。「それまでわが国はよその国に木材を輸出していました。その年からは空気を輸出するようになりました」と。植林した樹が酸素を放出し、風に乗って他国に流れる。先に、この国は平和を輸出していると書いたが、空気も輸出しているのだ。平和も空気もコスタリカにとってカネにはならないが、他国の人を喜ばせる。人間だって国家だって、こんなことをしていれば尊敬されるだろう。

カラソ氏は言う。「自然を破壊するのは無知と欲です」と。環境破壊を戒める言葉だが、彼の口から出ると「人間の欲をなくすのは難しいが、無知は教育によってなくすことができる」と聞こえる。

翌日、環境レンジャーの資格を持ったホテルの若者の案内で森を歩いた。道沿いで見かけたカエルの子育てや昆虫の生態、草木について詳しく説明してくれる。草も木も虫も人間も、等しく地球上の生命体だという気持ちになる。ツアーの最後に、植樹した。20センチほどの苗木には私の名を書いた札が付けられた。次に来たときは、大きく育っているだろうな、とワクワクする。死んだら、ここに葬ってほしいと思った。

カラソ氏は2009年に亡くなった。植林の結果、今やコスタリカの森林面積は50%以上に回復した。

3　99%が自然エネルギー

地方をまわると、いかにものどかな風景が広がる。バナナ園では切られたばかりの青いバナナの房が、レールで加工場に運ばれていた。コスタリカの主な産業はパイナップル、バナナやコーヒーなどの農業だ。

コスタリカのコーヒーは質が高いので評判が高い。教育を受けた労働者がきちんと育てているからだ。首都北東の標高1300メートルの傾斜地に広がるコーヒー農園を訪ねた。110年の歴史を持ち、今の農園主オノブレさんが4代目だ。この農園の高度、気温、雨量、火山灰の土などすべてがコーヒー生産に向いているという。日本にも豆を輸出している。

ビニールで覆われた乾燥場のコンクリートの床には、摘んで間もない湿ったままのコーヒー豆が積まれている。外では乾燥した豆を隣国ニカラグアからの季節労働者が選別していた。コーヒー1袋69キロ分を6人が1日かけて、大きさや重さで選り分ける。ふと見ると、彼らが作業する背景の山の上に大きな虹がかかっていた。

コスタリカでのコーヒー栽培の歴史は古い。1840年代には英国に輸出し、このため中米地域で最も豊かな国になった。コーヒーを港に運ぶために鉄道が敷かれ、その沿線でバナナを栽培したためバナナの生産も盛んになった。1897年には首都サンホセにオペラ劇場が建てられ、今は国立劇場となって天井画にはコーヒーやバナナの収穫風景が描かれている。もっとも、現地を知らないヨーロッパの画家が描いたため、海岸のすぐそばにコーヒー園を描き農民がバナナを上下逆に持つなど実態とは違う、とコスタリカ人は苦笑する。

「幻の鳥」を見に行った。

首都サンホセを早朝4時に出発して南東に車で走り約2時間。車を降りて起伏の激しい山道を15分歩いた、セロ・デ・ラ・ムエルテ（死の谷）と呼ばれる山間の林だ。傾斜地の樹に、目指す鳥はいた。

ほんの10メートル先の樹の枝に、エメラルド色の尾の長い鳥が留まっている。「世界一美しい鳥」と呼ばれ、手塚治虫の「火の鳥」のモデルとも言われた鳥ケツァールだ。尾を入れると体長は1メートルにもなり、クリっとした赤い目が可愛い。留まっているのはアボカドを小さくしたようなリトル・アボカドの樹だ。この木の実が好物だという。しばらく青空を見上げていたが、突然、バサバサと羽ばたきながら豪快に飛翔した。こんな近くで実物を見られるのはきわめて珍しいという。

この谷に来る途中、山の上に風車がたくさん並んでいるのを見た。

2015年に聞いたとき、コスタリカのエネルギーの93％は自然エネルギーだった。うち水力発電が76％を、地熱発電が12％を占め、風力発電は4％だ。2021年までに自然エネルギー100％にすることを宣言したが、2017年には早くも99％に達していた。残る1％は火力発電である。もちろん原発は1基もない。

福島の原発事故が起きた2011年の12月、当時のコスタリカの女性大統領が訪日し日本記者クラブで会見したさい、私は質問した。「コスタリカで原発を使用する計画はありますか」。チンチージャ大統領はきっぱりと言った。「わが国の過去に原発の計画はなかったし、未来もありません。自然エネルギーに投資しているので原発など不要です」

このとき大統領が訪日した目的の1つは、地熱発電で日本企業にいっそうの技術協力を求めることだった。ちなみに私がコスタリカを最初に訪れた1984年、この国のエネルギー政策を聞くと、この時点ですでに地熱発電がかなり発達していた。当時としては珍しい発電だったため興味を持って質問した。「技術はよその国から導入した」というので、どこの国かと聞くと「日本です」という答えだ。日本の発電技術の素晴らしさを知ったが、その技術をなぜ日本で活かさないのか、首をかしげる。

第6節　平和国家はいかに創られたか

1　資源は人間

なぜコスタリカのような特異な平和、教育、環境国家ができたのだろうか。それも貧困と抑圧と戦乱で明け暮れた中南米の地に。

理由の1つは、この国に資源がなかったことだ。それゆえに人間が資源となった。

コロンブスが率いた探険隊のスペイン人たちはこの地域を「Costa（海岸）Rica（豊かな）」と名づけた。船から見る海岸の緑が豊かだったからだと言われる。入植した人々はまずジャングルを切り拓くことから始めた。つまり開拓者だ。1人ではできず、大勢が協力しなければ生きていけなかった。日本で言えば明治時代の北海道の開拓のようなものだ。ここから助け合う精神、平等を尊び、常に社会を考える国民性が根付いた。

他の中米の国ではスペイン人が大地主となり先住民を奴隷のように働かせた。コスタリカではもともと先住民が少なく、スペイン人自身が働かなくてはならなかった。自分だけ儲けようと一攫千金《いっかくせんきん》を狙った人は資源に富む中南米の他の地に去り、コツコツと働く人たちだけが残った。

また、当時の中米地域のスペイン植民地支配の拠点だったメキシコやグアテマラから最も離れているのがコスタリカである。つまりここまで権力の支配が及ばなかったため、人々の自治が進んだ。

日本が江戸時代末期だったとき、コスタリカは中米連邦という国の１つの州だった。当時の政治家は議会で「コスタリカ州が平和による幸福と結束による強さをそなえ、子どもたちにとって日々刈り取る稲穂が多くなり、流す涙が少なくなるよう望む」と話したと伝えられる。豊かさの基準が子どもで、泣かなくてすむ国こそ理想だと考えたのだ。

その後は独裁者が登場したが、独裁者なのに清廉潔白だった。フランス文化を取り入れ、コーヒーの生産で国を豊かにしようと考えた。そこにたまたま英国の貿易船がやってきて、コーヒーの輸出が始まったのだ。ちょうどクリスマスで、誠実な人々への天のプレゼントのようだった。

１８４８年に正式に共和国として独立宣言をした。初代大統領が最初にした仕事は女子高校の創設だ。「無関心、無教育、無知こそ悪の根源だ」と教育に力を入れ、出版の自由を進めた。日本より早く1871年の憲法で義務教育を定め、1877年には死刑を廃止した。社会保障が充実し医療費も教育費も無料で人権に気づかう社会は、早くもここから出発したのだ。

この間、1856年にアメリカ人が率いた武装集団がコスタリカを侵略したが国民は結束して戦い、撃退した。勝って人気を得た大統領が増長して懐を肥やすと、国民は反発して彼を追放した。1882年からは自由主義の政権が続く。20世紀になって大統領選挙の不正をめぐって2ヵ月の内戦が起きたが、それが終わると反省して軍隊をなくした。

こうした歴史を見ると、国民が堅実なことと、リーダーが優れていることが目につく。欧州のデンマークの国づくりの歴史と似ている。

2　温かい国

2015年にコスタリカのエコツアーのガイドをしてくれたのは日本人の青年、山本剛君だった。日本で知り合ったコスタリカ女性と結婚してコスタリカに住んでいる。ちなみにコスタリカの女性は美人で名高い。中南米の3Cと呼ばれ、国名の頭文字にCがつくコスタリカ、コロンビア、チリは美人国だと言われるが、それは中南米全域を回った私の実感でもある。それぞれ美人の特徴が異なり、コスタリカは可愛く、コロンビアは華やかで、チリは理知的だ。

山本君は「この国に住んで幸せだ」と言い出した。「家族の間で人権について話し合うほどの人権先進国だし、病気になっても心配ないし、障害者があちこちで働く温かい社会だし。子どもの体調がよくないと職場で言えばすぐに早引けさせてくれる」と理由を挙げる。

そう語ったあと突然、彼はエコツアーのバスの運転手に「あなたは幸せですか」とたずねた。運転手は直ちに「もちろんだよ」と言ったあと、すぐさま「なぜって軍隊がないし、私たちは平和を愛しているからね」と付け加えた。これがきっかけで、出会ったコスタリカのさまざまな人に「あなたは幸せですか」と質問したところ、例外なくだれもが即座に「ええ、幸せです」と答えた。

最高裁判所のロドリゲスさんは「もちろん幸せです」と即答したあと、「人生の目的を達成しているから。社会にはなお問題があり収入も高くはないけれど、この国の人生はシンプルで、いろんなサービスも受けられるし好きなことをやれる」と話す。公教育省の女性職員グロリアさんは「ええ、私は幸せ。この国は貧しい中南米にあるのに早くから電気もついたし社会保障が完備している。高い社会保障費を払っているけれど、その制度を担うのがコスタリカ人のアイデンティティだと思う。優れた制度をみんなで保っているという一体感がある。毎日、安定した生活ができることを幸せと呼ぶなら、私はとても幸せです」と断言した。単に幸せな社会にいるというだけでなく、幸せな社会を自分たちで創り上げているという意識がある。

一方で、大学教授チャコン氏は「私は幸せです。人の温かさに触れたとき、そう感じる」と語りつつ、「ここ30年ほど、米国流の新自由主義の経済が広まって少数の人だけ利益を受けるようになった。機会の平等が損なわれたら、国民は幸せじゃないと感じるようになるだろう」と危惧した。

彼が言うように、今のコスタリカが何もかもそろった天国ではない。農業とエコツアーなどの観光が主体の経済では、市場経済の下で大きな発展はできない。今後さらにグローバル経済に飲み込まれると、これまで築き上げた福祉社会が壊れる恐れがある。

犯罪が増えたのも悩みだ。南米から米国に麻薬のコカインを運ぶマフィアが途中経路のコスタリカに入り犯罪組織を作った。犯罪への対応のため、かつて警棒しか持っていなかった警官が今やピストルはもちろん自動小銃まで持つ。麻薬組織は軍隊規模の武器を持つため国境警備隊が太刀打ちできず、武装を強化せよという主張もある。とはいえ、それが再軍備の主張や平和憲法を見直そうという話にはならない。現在の与党、市民行動党の創立者オットン・ソリス国会議員は「選挙のさいに再軍備を主張する候補者がいたら、1票も入らないだろう」と自信を持って語った。

第二章

キューバは今――米国との国交を回復して

ゲバラの銅像

半世紀以上にわたって断絶していたキューバと米国が国交を回復した。オバマ政権のとき米国は大使館の再開だけでなくキューバ制裁も一部解除し、オバマ氏は現職の米大統領として初めてキューバを訪問した。ところが革命をリードしたフィデル・カストロは亡くなり、米国にトランプ政権が誕生して両国関係は再び危うくなった。キューバはどうなるのだろうか。

私は大学生だった1971年に初めての海外の旅でキューバを訪れた。観光ではなく半年間滞在し、サトウキビ畑でキューバ人といっしょにサトウキビ刈りのボランティア労働をしたのだ。朝日新聞の記者となってからは中南米特派員や米国特派員としてキューバを10回ほど現地取材した。半世紀近くの体験を交えつつ、国交回復で何が変わったのかを報告し、これからのキューバはどうなるのかを展望しよう。

第1節　国交回復の効果

1　マクドナルドはまだ

天井をオープンにした2階建ての赤い遊覧バスがキューバの首都ハバナの街を走る。まるでロンドンやパリのようだ。長年キューバを見てきたが、こんなものを目にするのは初めてだ。野球帽をかぶりカメラを提げた海外からの観光客がやたら目につく。首都だけでなく地方の町も観光客だらけだ。

米国がそれまでのキューバ封じ込め政策を失敗だったと認め、国交を回復したのは２０１５年7月だ。それから半年後の２０１６年1月、久しぶりにキューバを訪れると、かつてないにぎやかな風景が目に入った。

街角で売っていたキューバ共産党の機関誌『グランマ』に、「海外からの観光客、記録的な人数に」という見出しの記事が載っていた。

米国のオバマ大統領がキューバとの国交回復を発表したのは2014年12月だった。効果は絶大だ。それまでキューバを訪れる観光客は年間に300万人ほどだったが、2015年は一挙に350万人を超えた。記事は「わが国の経済発展に寄与する」と論評する。

もっとも多いのがカナダ人で130万人だ。寒い北から暖かさを求めて定期的に飛んでくる彼らは「渡り鳥」と呼ばれ、1日に飛行機15便がキューバとカナダをつなぐ。米国政府はこの時点でまだ国民にキューバへの渡航を許していないのに、16万人の米国人がキューバを訪れた。前年に比べ8割増の記録的な数字である。

その後の2016年2月には米国とキューバの間の航空協定が結ばれた。米国とキューバの間に1日110便もの飛行機が飛ぶことになる。米国内10ヵ所の空港からキューバ国内10ヵ所の空港に便が飛ぶので、こんな数字になるのだ。やがて米国人のキューバ渡航は100万人を軽く超えることになるだろう。

その動きは加速し、2016年にキューバを訪れた観光客は400万人を超えた。米国から38年ぶりに、700人を乗せたクルーズ船がハバナを訪れた。ハバナのホテルはどこもいっぱいで、観光客は宿探しに苦労する。新しいホテルが次々に開業する一方、古くなったホテルにアメリカの業者が入って内装を替え、サービスの向上に努める。向こう5年間にさらに2万

首都の中心部には観光客のタクシー用にアンティーク・カーが並ぶ
＝2016年1月、ハバナで

２０００室以上を増やす計画だし、それでも足りないと見て市民が民宿を経営するよう奨励している。民宿はすでに1万軒以上ある。

キューバでは国交断絶の前に米国から入った古い乗用車がいまだに街を走っている。１９５０年代のダッジやビュイック、さらには１９２８年の箱型フォードまでタクシーとして現役だ。観光客が珍しがって乗るため、街中を走るアンティーク車が一挙に増えた。ピカピカに磨かれたオープンカーが観光スポットに並ぶ。倉庫から出して化粧直ししたのだ。

中には「売り物」と書いた紙を窓に貼った車もある。値段は日本円にして約72万円だ。ただし排ガスなどの基準を満たせないので日本では使えない。米国との貿易が本格化すれば、ハリウッドの映画界がごっそり買い占めそうだ。ほかにも観光客向けの馬車やココヤシの形をしたココタクシーもある。

老舗のレストランには昼も夜も観光客がひしめいている。客が食事する間、音楽を演奏するバンドがやたら増えた。しかも自分たちの演奏を吹き込んだCDを用意して、その場で売るようになった。

自営のレストランも急増した。料理の内容も良くなり、メニューの品目が増えた。食前のワン・ドリンクにはキューバ名物のラム酒のカクテル、モヒートを無料提供する。かつての「ソ連型社会主義」の時代には考えられないサービスをするようになった。

軍も観光産業に乗り出し、ガビオタ（スペイン語でカモメ）という観光会社を運営する。装甲車を操縦する兵士が観光バスの運転手に、戦闘機乗りが国内線の航空機のパイロットになったと言われる。

反対に減ったものもある。かつては軍服姿の警官が街のあちこちにいたが、今回は1週間の滞在中にたった1人しか見なかった。治安が良くなったためだという。観光客が増え始めたときは「子ネズミ」と呼ばれたスリやコソ泥が横行したが、自営業が認められて正業でもうければいいとわかると、犯罪は急速に減った。

こうした変化に対してキューバ人の反応は複雑だ。ジャーナリストのカルロス・バチスタ氏は国交回復について「正常化への長いプロセスはまだ始まったばかりだ。米国による経済制裁が続くなど、解決すべき問題は多い。友だち関係になる前に、まずは良き隣人となることだ。互いに尊敬するところから対立はほぐれていく」と語る。米国がキューバに対する経済制裁をやめて対等の関係になってこそ、本当の交流が始まると言いたいのだ。

気象情報の交換や自然保護、医療協力など「解決しやすい分野」で具体的な協力が始まったが、「マクドナルドがキューバに入ってくるまでには、まだまだ時間がかかる」と彼は断言する。一方で観光業者が観光客のために食糧を買い溜めるのでスーパーの値段やタクシー代が上がったと言う。「一般のキューバ国民にとって国交回復は今のところ、マイナスの効果しかない」と首をすくめた。

2　観光の目玉はゲバラ

キューバを訪れる観光客のために用意されるお土産グッズも街に増えた。目玉はキューバ革命の英雄であり、その精悍《せいかん》な顔が世界のファッションとなっているチェ・ゲバラだ。

赤い生地に黒一色でゲバラの顔を浮き上がらせたバンダナ、1メートル四方もあるゲバラの旗。ゲバラがにっこりほほ笑む30センチ四方のゲバラ・カレンダーは、ニューヨークの書店で売っているようなしゃれた作りだ。ほかにもTシャツ、絵葉書、本、本にはさむしおり、キーホルダー、CDや葉巻のケース、さらにゲバラの顔を描いた野球のボールなど、ゲバラだらけだ。

ゲバラがゲリラ戦で命を落としたボリビアで書いた『ゲバラ日記』などを対象にユネスコは2013年、「ゲバラの人生と作品」を世界記憶遺産に登録した。キューバのゲバラは公式に世界のゲバラとなった。

キューバ中部の町サンタクララには大掛かりなゲバラの霊廟《れいびょう》がある。競技場のスタンドのような石段の台座の上に、高さ6・6メートルの黒いゲバラの銅像が立つ（71ページ参照）。戦闘服を着て頭にベレー帽をかぶり、右手に銃を持ち、骨折した左腕はスカーフで首から吊っている。キューバ革命の天王山、サンタクララの戦いでの姿である。

台座の下は博物館になっている。朝一番で開館前に行ったが、すでに先客が数十人、並んでいた。照明を落とした部屋の壁に、ボリビアのゲリラ戦で死亡したゲバラの遺骨が納められている。いっしょに戦った39人のゲリラ兵士の遺骨も同じ壁に安置されている。その1人、日系人のフレディ・マエムラの遺骨もある。

博物館の後ろは広い墓地で、サンタクララの戦いで戦死した人や、その後亡くなった革命戦士が葬られている。そのわきにも新しく建てられた土産物屋が2つ、店を広げていた。商品はすべてゲバラ・グッズだ。

サンタクララの街中を走る線路には脱線、転覆した貨車がそのままの姿で展示されている。革命のさい、当時の政府軍は408人の兵士と武器を満載して運んできたが、ゲバラはたった18人の兵士を率いて彼らに勝った。貨車は装甲されていたが床が木製だという情報を手に入れて、床に爆薬を仕掛けたのだ。

ゲバラとの思い出を語るフェルナンデスさん＝2016年2月、ハバナで

さらに兵舎にいた3000人の政府軍に対して340人の革命軍が戦って勝利した。2、3ヵ月かかると言われたサンタクララの奪取をわずか72時間でやってのけた。

革命戦争が始まったときからゲバラの直属の部下だったオスカル・フェルナンデスさんに会い、2時間にわたってゲバラの思い出を聞いた。彼はゲリラ戦士司令官、革命軍将軍の肩書を持ち、ゲバラといっしょにアフリカのコンゴでも戦い、その後は首都ハバナの市長を10年間も務めた大物である。すでに84歳だが、かくしゃくとしている。

フェルナンデスさんがゲバラの部下となったのは1958年だ。医師になって間もない28歳のとき、革命軍に参加した。キューバ東部のシエラマエストラの山中のゲリラ根拠地に入り、司令官で軍医を兼ねていたゲバラの下、山中の野戦病院で軍医となった。山を下りて首都に進撃するさいは沼地を胸まで水に浸かって行軍したという。

「大軍を相手に勝てたのは、チェ（ゲバラ）の才能のおかげだ。彼には組織の才能があったし、事前に情報を収集するシステムも作った。チェは闘いながら農地改革の法律を勉強した努力家だ。他人の話によく耳を傾け、米国の企業の経営システムがおおいに参考になると話していた。革命成功後に国立銀行の総裁となったときは経済学者たちをアドバイザーに招いて『みなさんの言うとおりにやる』と彼らを信頼して任せた。そのかたわら猛勉強し、半年後には彼らが『もうあなたに教えることはない』というほどの専門家になった。『技術にイデオロギーはない』とよく語っていた」と話す。

ゲバラは自分の信念に向けてまっしぐらに進むイメージがあるが、一方で自分の知らないことは懸命に学習し、立場が違う人の考えでも実用になれば積極的に取り入れる寛容かつ柔軟な性格だったのだ。

「チェは正直で誠実な人間だった。革命後に親たちがアルゼンチンからキューバに来た時、その飛行機代をキューバ政府が出そうとすると『個人のために国のカネを使うべきではない』と拒んだ。両親のためのホテル代もないため、友人の家に泊めてもらった。他人に何か命じる前に自分が模範となって率先して行動した。チェのためなら死んでもいいという人間がたくさんいた」

途上国で新しい勢力が政権を握ると権力をかさにきて汚職や腐敗に進むことが多いが、ゲバラは自らを律した。彼は、人は自分の利益のためでなく社会のためになる「新しい人間」を目指すべきだと主張した。それを自ら実践したのだ。

ゲバラはどのようにして、尊敬される人間になったのだろうか。

「チェがこんな人間に育ったのは、お母さんが素晴らしかったからだ。小さいときに喘息《ぜんそく》のため学校に通えなかったチェに、お母さんが文字やフランス語、本への愛を教えた。彼の人生に最も影響を与えたのはお母さんのマリアさんだ」

最後に明かしたのは、サンタクララの戦いのさいのエピソードだ。「垣根を乗り越えたときにチェは転んで左腕を骨折した。彼に包帯を巻いたのは、軍医だったこの私だ」

3　太った市民、日常生活

ハバナの空港から外に出たとたん、社会の変化を実感した。目の前にいる市民の大半が太っている。キューバでは経済状態が国民の体格にそのまま反映する。訪れるたびに国民が太っていたり痩せていたりするが、２０１６年1月は特段に太っていた。食生活が豊かになった証拠だ。

街にレストランが増えた。その大半が自営業だ。メニューの品目は多彩でイセエビのグリルまである。イセエビはカリブ海で豊富に獲れ、かつては大半が日本に輸出されていた。国家評議会議長だったフィデル・カストロが演説でイセエビに触れ、「食べてしまえば1週間の給料分、金持ちの日本に輸出して外貨を稼げば赤ちゃんに無償でミルクをやれる。どちらがいいか」と国民に問うたのは１９８０年代だ。今は普通に出回っている。

普通の市民がよく利用する豚肉のレストランに行くと、数年前に行ったときよりも客がひしめき、駐車場は自家用車でいっぱいだった。以前はメニューが限られていたが、今は壁の黒板からはみ出すほど料理の品目が増えている。

１９８０年代はもちろん、ソ連の援助がなくなった９０年代初め、キューバ人は見るからに痩せていた。今や太っただけではない。街中に筋肉トレーニングのジムが登場し、肥満を気にする若い女性はダイエットに励むようになった。

キューバ人は、朝はパンを食べるが、昼食と夕食の主食は米だ。普通に食べるのはコングリという伝統料理の豆御飯である。白米に黒豆を混ぜて炊くので一見、赤飯に見える。米はインディカ米で、90%近くを中国やベトナム、タイから輸入する。これに鶏肉、トマトやキュウリなどを添えて食べる。野菜はほぼすべてがキューバ産だ。

肉は牛肉より豚肉や鶏肉をよく食べる。牛肉は輸入するが、豚肉と鶏肉はほぼ国産でまかなう。ハバナから郊外に向かう道沿いのあちこちに、バーベキューのようにして豚肉を炭火で焼いて売っている露店が出ていた。子豚のハムをパンにはさんだ手軽なサンドイッチ「パン・コン・レチョン」がキューバのファースト・フードだ。地方の祭りではよく豚の丸焼きが出る。

島国で周囲が海だから魚を食べると良さそうだが、国民に魚を食べる習慣はあまりない。熱帯の海の魚は食べるのに適した種類が少ないし、冷蔵の技術がなかったのですぐに腐ってしまったからだ。

住宅地区には配給所があり、黒板に配給品の品目と値段が書いてある。革命直後は食べ物や日用品のほとんどすべてが配給だったが、今は米や砂糖、塩、食用油、粉ミルク、卵など必需品だけになった。米の値段は50年前からたいして変わらない。日本円に換算して1キロが約

2・5円だ。ほとんどただみたいな価格である。

スーパーや市場に行けば棚に豊富な物資が並んでいる。こちらは値段が高いが、それでも米1キロが60円から90円だ。日本の米の値段と比べれば格安である。

食べ物はとりあえずよくなったが、日常の大きな問題は交通だ。電車や地下鉄がなく、バスも少ない。つまり大量輸送機関がない。ふだんは歩いたり自転車を利用したりするが、急ぐときは一度に6人が乗れる白いナンバープレートの乗合タクシーを利用する。1回が50円で割高だ。遠くに行くときはヒッチハイクする。車を止めるための専門の公務員が制服を着て国道の要所に立っている。

これでも以前に比べれば良くなった。1991年にソ連が崩壊し石油が入らず深刻なガソリン不足に陥ったときは、大量輸送の手段としてトレーラーを改造した超大型バスが登場した。こぶが2つあるラクダのように見えるため「ラクダバス」と呼ばれた。当時は東京の地下鉄のラッシュアワーのような詰め込みぶりだったが、今は姿を消した。

公園に行くと、市民がベンチに座っておしゃべりを楽しんでいる。携帯電話やスマホ、パソコンを操作している人も多い。総人口1100万人のうち、携帯電話やスマホを持っている人は今や300万人に及ぶ。

公園などで年配の男性たちが頭を突き合わせているのは、ドミノを楽しんでいるのだ。日本の碁や将棋に当たる存在で、当人たちだけでなく見物人も楽しみながら見ている。各県ごとにドミノのクラブがある。

ベンチでギターを手に歌う老人もいる。さすが音楽の国だ。伝統的な歌だけでなく、即興で歌い演奏する。ブエナ・ビスタ・ソシアル・クラブが一世を風靡《ふうび》したが、彼らのような演奏活動はごく日常的に街頭で見られる。

家庭での娯楽は踊りだ。家族が集まったらラジオから流れるメロディーに合わせて踊るし、主婦は「踊りながら料理をつくる」とさえ言われる。週末は自宅や友だちの家で開かれるホーム・パーティーで踊る。

もちろんテレビもある。首都のチャンネルは6つで、「ヤシの木とサトウキビ」という歌番組が人気だ。会場から出されたお題を取り込んでその場で歌詞を作り、ギターで曲をつけて歌う。即興のシンガーソングライターだ。

若い恋人たちにとってはカネがかからない散歩が一番のようだ。首都の海岸沿いのマレコン通りは、夕暮れになるとカップルで埋まる。岸壁に腰かけて語り合うシルエットが夕日に映える。

第2節　したたかな政策

1　有機農業

ハバナの街のあちこちに、規模の大きな家庭菜園のようなものを見かける。道路ぎわの空き地をブロックで仕切って作った畑も目につく。キューバの食糧事情がよくなった背景には、市民レベルでの農業の広がりがある。それも無農薬の有機農業だ。今やキューバの有機農業は世界に名高い。有機農業では世界の先進国と言われるまでになった。

キューバの農業といえば、かつてはサトウキビと果物くらいだった。サトウキビは大農園で栽培し、収穫期に季節労働者が刈る。日本でイメージされる田畑を耕す農業とは違う。水田は少なく、ビタミンは野菜でなく主に果物から摂っていた。

それが変化したのは政治的な理由だ。ソ連・東欧の「社会主義」の崩壊である。１９８９年にベルリンの壁が崩壊し東欧の政権が次々に倒れた。1991年にはソ連が崩壊した。ソ連・東欧からキューバに入っていた援助や輸入の食糧が入らなくなった。このため食糧の自給が急務になった。

人々は自宅の庭で小さな菜園を営むようになった。化学肥料も入らなくなったので有機農業が広がった。政府が人々に有機農業の技術を教えた。最初はやむを得ない事情だったのだ。その後、農業の自営が奨励されるようになり、公務員をやめて農民になる人が増えた。今やキューバ全土の耕作地の8割以上が無農薬の農業をしている。

首都ハバナの住宅地アタベイ地区に模範的な有機農園がある。新潟県出身の日本人が始めた農園だ。農園の名は「エル・ハポネス（日本人）」という。1970年に国の土地を借りて普通の農業を始めたが、90年に有機農法に変えた。今は日系3世のアレックスさんが経営している。

農園を見渡すとルッコラやレタスなど野菜が整然と植えられている。広さは1ヘクタールで、殺虫剤など農薬はまったく使わず、虫よけの草を植える。ミミズを利用した堆肥《たいひ》や生ゴミを処理したコンポストを使う。畑の一角にはキューバで初めて導入された温室がある。ドイツから寄付されたものだ。トマトやキュウリを作っている。

採れた作物は近くの3つの学校、4つの保育園、妊娠した女性のケアホームと契約し、安い

有機農業の農園を経営するラファエル・ララさん（中央）
＝2016年1月、ハバナ近郊で

値段で出荷している。栽培だけでなく栽培研究の結果をここでまず試してみる試験農場の役割も果たしている。農園の近くには大使館が多く、外交官が自分の国の種を持ってきて育ててほしいとよく依頼されるという。

ここから少し離れたシボネイ地区の「ロス・ララ」農園も1ヘクタールで、ホウレンソウやグアバ、イチゴなどを栽培している。レタスの葉を指で摘んでそのまま食べると実に甘い。

元はゴミ捨て場だった国の土地を10年契約で借りて使っている。使用権は無料だ。個人農園を広めようという国の政策にのっとっている。その分、税金で国に貢献していると誇る。

ここでは国家評議会や大使館と契約して農産物を栽培し、5つの保育園に野菜を安く出荷していた。値段は弁護士を間に入れて交渉し、利益率が20％になるようにしている。週に1度、エコロジーの専門家が来て栽培について指導する。「有機農法を始めてから売り上げが伸び、私たちの生活も豊かになった。2階建ての自宅を新築した」と経営者のラファエル・ララさん（60歳）は笑う。豪華な邸宅にはプールまであった。

「以前は社会主義と相いれないとして自営業に制限が多く、周囲からはまるで悪魔のような目で見られた。ラウル・カストロが国家評議会議長になって『自営業がこの国を支えている』と発言し、2011年の共産党大会で自営業が奨励されてからは雰囲気が変わった」とララさんは話す。

この農園では18人が働いている。給料は日給で1日100ペソだ。ほかでは考えられない高給である。医者の給料の2～3倍だ。年金生活のかたわらここで働いている73歳の男性は「労働時間は昼の休憩をはさんで午前7時から午後6時まで。仕事をしたいときに働き、帰りたい時に帰る。この農園での仕事と給料に満足している」と話す。

栽培のかたわら直売もしていた。道路沿いに作られた露店の直売場にはキュウリやニンジン、パパイヤやニンニクなどが並ぶ。レモン12個で40ペソ、日本円にして200円だ。4人前の野菜スープセットが30ペソ、150円だ。この農園の産物だけでなく、160人の組合員がいる地区の農協の産物も店に並ぶ。ひっきりなしに客が来て買った。ララさんはさらに手広く販売しようと、コンクリート製の新しい直売店舗を建設中だ。

「国家評議会に出荷しているからフィデルやラウル（カストロ）もうちの農園の産品を食べているだろう」とララさんは笑った。

2　誇る教育と医療

キューバが世界に誇るものが2つある。無償の教育と医療だ。誰でも幼稚園から大学院の博士課程まで無料で教育を受けられる。病気になったら無料で診察してもらえるし、心臓移植の手術でさえただだ。

この2つこそキューバ革命が求めたものだった。革命前は金持ちしか教育や医療を受けられなかった。黒人や貧しい家の子は学校に通えず、病気になっても病院に行けなかった。それが様変わりした。発展途上国にもかかわらず、経済大国の日本や米国でさえできないことを実現した。

首都には大きな学校がいくつもあり、下校時は制服姿の生徒たちが町に目立つ。キューバ中部の農村地帯をバスで走ると、丘の上に小さな学校があった。教室は2つだけ。キューバ革命の英雄の名をとったカミロ・シエンフエゴス小学校だ。まるまると太った女性のマイデ校長が1年生から4年生を教え、もう1人の先生が5、6年生をみる。2人で15人の子どもたちを教える。教室にはテレビ画面や地球儀があるが、黒板は古くて板が擦り切れている。新調するカネがないのだ。

キューバの小学校は6年、中学は3年、高校は3年で日本と同じだ。ただし大学は5年制で医学校は6年だ。革命前には大学は3校だけだったが、今は60校ある。大学生の数は50万人に及ぶ。

就学前の5歳から1年間は小学校で学ぶための基本的な能力を育てる幼稚園に通う。鉛筆の持ち方や丸を描く方法などを教わる。スペイン語独特のRの発音ができない子は、ここで言えるように訓練される。

小学校の1日は午前7時50分に始まる。10分の朝礼のあと8時から授業が開始する。午前中は12時まで。2時間の昼休みには食事のため帰宅する子が多い。親が働いている子には給食がある。午後は2時から4時20分までだ。

10年くらい前から1クラスは20人学級にしている。夏休みは7月初めから8月末までの2ヵ月近くある。ゆったりと、良く学び良く遊べる環境だ。もちろん塾などはない。

さらに奥地に行った山地には病院があった。入り口に「ポリクリニコ」と書いてある。地域の総合診療所だ。この日は土曜で女医のエレーナさんと３人の看護師が当直をしていた。エレーナさんは胸の開いた真っ赤な服の上に白衣を着ている。医師でもおしゃれを楽しむ。気さくに招き入れてくれた。

診療所の中に入ると、応急処置室や歯科の治療室、薬局などがある。奥の病室には妊婦たちが入院しており、家族が見舞いに来ていた。駐車場には救急車が1台、待機している。

すぐ近くに2階建ての小さな診療所があった。ファミリー・ドクターがここに常駐して２４時間、３６５日、地域の住民の健康をみるのだ。

キューバの医療は3段階の態勢だ。まず地域の人々の健康を支えるファミリー・ドクターがいる。約１２０家族ごとに1つの診療所があり、医師と看護師が1人ずつ住み込んでいる。全国に診療所は1万1千以上あり、３万6千人のファミリー・ドクターが活動する。

彼らは予防医療に励み、水は煮沸してから飲むことや手洗いなど健康を保つために基本的なことを普段から住民に指導する。午前中は診療所に訪れた患者を治療し、午後は家庭を訪問して回る。専門的な分野は産婦人科医やソーシャルワーカーが手助けする。

診療所で手におえない患者は、地域の総合病院に送られる。その上には研究所がある。中でもハバナのバイオテクノロジー・遺伝子工学研究所はレベルの高さで世界に名高い。デング熱やコレラなどの予防、治療薬の研究開発をしている。心臓移植のセンターもある。

ほかにも研究所は多く、B型肝炎のワクチンを開発したことで有名な研究所もある。糖尿病で世界に名高い薬品インターフェロン・アルファ・2bもキューバで生まれた。キューバで生まれた子は14の予防接種を受ける。そのうち11がキューバで作られた薬品だ。予防接種も無料だ。

革命前のキューバには医師が6千人いたが、革命で半数の3千人が米国に亡命した。革命政府が最初にやったのは、医科大学を5校新設することだった。今や23校ある。医療専門家は約9万人で国民120人に1人という医療大国になった。人口当たり日本の約3倍である。乳児死亡率は先進国レベルだ。米国よりも優っている。医療面では革命の目標以上に達成した。

それはいいのだが、一方でこのところ、革命が求めた「平等」が崩れてきた。以前は国民の99%が公務員で、貧しさをみんなが分かち合っていた。国民の1人あたりの給料は日本円にして2~3千円だった。食糧など基本的な生活品は配給だし医療と教育は無料なので、この給料でも安心して暮らせた。

しかし、観光客がドルなど外貨を持ち込み自営業が広がると、格差が出てきた。観光客からドルを受け取るタクシー運転手やチップをもらうホテルの従業員などの収入が、医師や大学教授らをはるかに上回るようになったのだ。

市中に出回ったドルを吸収するために、通貨のペソと外貨の間に兌換《だかん》ペソという独特な通貨が登場した。1ドルが1兌換ペソだ。登場した時は26ペソに相当したが、しだいにペソ高が進み、今は24ペソだ。市民がドルを手にしたら市中の換金所で兌換ペソに替える。こうして政府はドルを得る。市民は兌換ペソ専門のスーパーで、他では買えない輸入品などを買う。

医師や教授が公務員をやめてタクシー運転手に転職するようになった。政府は吸い上げたカネで医師らの給料を上げようとするが、格差がすぐに縮まるわけではない。国民の間に不満が高まった。2011年の共産党大会で「合理的な格差」を認めてからは、かえって落ち着いてきた。

政府の方針は、医療と教育の無料を維持しつつ、「あらゆる平等」から「法の下での平等」「人権の平等」に移すことだ。食糧の配給もやがて廃止されることが決まった。考えようによっては、配給せずに済むまで国民の経済的な基盤が高まったとも言える。とはいえ、平等と格差は両立しない。どこまで格差を認めるか、今後は難しい舵取りとなる。

3　米国を手玉に

ハバナの中心部に革命博物館がある。その玄関前に陣取るのは1台の戦車だ。革命から2年たった1961年に反革命の侵攻軍を撃退したとき、カストロが乗って陣頭指揮したのがこの戦車である。

米国がキューバとの国交断絶を宣言したのがこの年だ。米国の政府機関である中央情報局（ＣＩＡ）が組織した約１５００人の亡命キューバ人が武装してキューバに侵攻した。キューバ沖では臨戦態勢の米軍の艦船が待機していた。侵攻軍がキューバの土地をわずかでも占領し臨時政府を樹立して米国に支援を要請することになっていた。それに応える形で公然と米軍部隊が踏み込む手はずだったのだ。だが、キューバ側はたった７２時間で侵攻軍を撃退し、米軍に侵攻の口実を与えなかった。

キューバは米国からわずか約１６０キロしか離れていない。米軍の爆撃機は米国の基地を飛び立って１５分でキューバを爆撃できる。それどころかキューバ国内に米軍のグアンタナモ海軍基地があり、基地を一歩出ればそのまま地上と海から侵攻できる。なのに、米国はキューバを攻撃しなかった。ベトナムやイラクまで爆撃した米国がなぜ、すぐ隣で敵対するキューバを攻めなかったのか。

カストロは「（もし米軍が攻め込めば）すさまじい戦争になるだろう。全キューバ人民の終わりのない抵抗に直面することになる。この島を占領するには何百万人もの兵力が必要になる。米国にそんな兵力はない」と語った。キューバ人全員が団結するとは思えないが、確かに手痛い反撃に直面するだろう。

米国は武力侵攻に代えて経済封鎖による兵糧攻めを行った。1962年から全面禁輸を始め、その後も米議会は経済制裁を強める2つの法を制定した。政治的な国交は回復したが、経済面での締め付けは今も続いているのだ。

そうした圧力にもかかわらず、キューバは生きのびた。自立を貫けた背景には、超大国を手玉にとるしたたかな戦略がある。

米国は経済制裁のかたわら、キューバと貿易をしていた。そう聞くと驚くだろうが事実だ。2001年にハリケーンがキューバを襲ったさい、当時のブッシュ米大統領はキューバに食糧援助を申し出た。キューバ側は「経済制裁している国から援助は受けない」と断りつつ、「せっかく用意しているのなら買おう」と言った。これがトントン拍子に進んだ。

米国の農産物業者は身近に巨大な空白の市場があることを知って狂喜した。最初は北西部のモンタナ州だ。業者だけでなく民主党さらに共和党の議員も含む代表団がキューバを訪問して、小麦や牛肉などを売り込んだ。これに色めき立ったのが大豆やトウモロコシなどの盛んなイリノイ州だ。業者はキューバとの関係改善を地元の政治家に働きかけた。イリノイ州選出の上院議員から大統領になったのがオバマだ。国交回復の背景には、「主義より儲け」を第1に考える米国経済界のマインドがある。

米国はキューバ人のために特別な措置をとってきた。キューバ人が米国の領土内に入れば、そのまま居住権を与えた。経済制裁で物資が乏しいキューバからモノがあふれる米国を目指して亡命する市民は多い。だが、亡命よりはるかに多いのは、この制度を利用して移住や出稼ぎする人たちだ。このところ毎年3万8000人にのぼった。彼らの送金がキューバ経済の助けになっている。

米国で活躍したいと考える野球選手は日本だけでなくキューバにもいる。米国に亡命して大リーグの選手となったキューバ人は数多い。その彼らがときどきキューバに帰ってキューバの子どもたちに野球を教えている。もちろんキューバ政府の公認の下で。キューバ政府は革命の直後から「去る者は去れ、来るものは拒まず」という立場を貫いている。こうして亡命者が毎年のように里帰りする。つまり亡命といっても実態は出稼ぎの人がかなりいるのだ。

野球といえば、キューバ国内でも米大リーグは人気だ。米国から流れる試合のラジオ中継に耳をすませる。先に記した有機農業のララさん一家は熱烈なニューヨーク・ヤンキースのファンだ。ヤンキースの野球帽をかぶり、自宅の壁にヤンキースのロゴをはりつけている。「マツイ(松井秀喜さん)のファンだ」という。「アメリカとの関係が正常化して米国産の安い野菜が入ってきたら、それを買って高く売ってもいいし」と、まるで屈託がない。

キューバ人の陽気な性格はアメリカ人によく似ている。キューバ人は、アメリカ政府は嫌いだが、アメリカ人は好きだ。これとは対照的に、陰気なロシア人とは性格がまるで合わない。

キューバ人はロシア人をボーラ（球）と呼んできた。つかみどころがないというあてつけの意味だ。とりわけソ連の崩壊で支援が急に途絶えたあとは、露骨に非難した。「あいさつもせず、面白味がなく、文化も教養もないヤツ」という悪い評価が定着した。

ソ連が崩壊した１９９１年、カストロ体制も崩壊すると言われた。当時のキューバは貿易の８５％をソ連・東欧に依存していたからだ。事実、国内総生産（ＧＤＰ）は３５％も落ち込んだ。だが、早くも９４年には黒字に転換した。付き合う相手を欧州と中国にさっさと替えたからだ。

キューバ人はロシアとの関係を「母と子の関係から対等なパートナーになった」と言う。一方で、中国との関係はその後も強くなった。首都にあふれる観光客用の豪華なバスは中国の宇通《ユートン》製だ。ハバナの空港には「ＨＳＢＣ」のマークがあふれる。香港上海銀行である。ハバナの外港に建設中の経済特区には中国資本が流入している。

キューバをたとえれば、自立した強い女性だ。米国という最初の夫から家庭内暴力を受けるとさっさと離婚し、そこにすり寄ってきたソ連という野暮な男から経済的な支援を受けたが心までは渡さず、男が生活に破綻《はたん》したら未練なく去った。確固とした生き方を貫き、時代に合った技術や資格を身に付け、経済的にも自立する。小さくても存在感は大きく凜々しい。

第3節　地方から

1　ヘミングウェー

ハバナから車で東の海岸を目指すと、ほんの20分足らずでサンフランシスコ・デ・パウラだ。白亜の邸宅が立つ。米国のノーベル賞作家アーネスト・ヘミングウェーが住んでいた家が、そのままヘミングウェー博物館となっている。

今は屋敷の中には入れず、外を巡りながら開け放たれた窓を通して内部を見るだけだ。あたりは海外からの観光客だらけで、窓に近寄ることさえ難しい。だが、今ほど観光客が多くなかったころは、館の中に入ることができた。

玄関を入ると細長い居間だ。ソファやテーブルが置いてあり、壁にはアフリカの狩猟で仕留めたインパラやバッファローなどの剥製《はくせい》が飾ってある。スペインの闘牛のポスターや油絵などが貼ってある。

その奥は寝室だ。大きなダブルベッドがあり、壁際の本棚の上には分厚い紳士録に乗せて黒いタイプライターが置いてある。ヘミングウェーはひざが悪かったため、立ったままタイプライターで作品を書いた。疲れると傍らのベッドに横になったのだ。彼がこの屋敷に住み始めたのは第2次大戦中の1939年だ。このタイプライターを使って最初に書いたのが『誰がために鐘は鳴る』である。

さらに奥には書斎がある。剥製の水牛の首が突き出た壁を前に、3メートルの机がある。その上には従軍記者証、勲章や銃弾、カギ、そして写真があった。ドイツ出身の女優マレーネ・ディートリッヒのブロマイドだ。2人は1934年、ヨーロッパからアメリカに向かう船上で知り合った。どの部屋も書棚はおびただしい本で埋まる。トイレの中にさえ3段の本棚がある。9000冊あるという。

今は内部を見られないのが残念だが、そこはキューバだ。融通が利く。中にいる見張りの女性が私のカメラを指さしてウインクした。自分が代わりに撮ってあげようというのだ。カメラを手渡すと5～6枚、あちこちに向けて写してくれた。手慣れたものだ。もちろんチップを払う。1ドルを渡したらキッスせんばかりに喜んでくれた。

家の裏庭にはヨットが置いてある。釣り用の快速艇だ。ヘミングウェーはこれに乗って沖合での釣りを楽しんだ。艇長はグレゴリオという名でアフリカ沖のカナリア諸島の生まれである。

もう30年以上も前の1986年、私は彼に会った。ここから近い漁村コヒマルにあるヘミングウェー行きつけのレストラン「ラ・テラサ」で。グレゴリオじいさんは左手で葉巻を吸いながら右手でラム酒を飲んでいた。

1952年にキューバ西のメキシコ湾をヨットで航行していたとき、手漕ぎのボートに乗った老漁夫が巨大な魚を釣り上げようとするのを目撃した。ヘミングウェーが「手伝おう」と声をかけると、老漁夫は「おれ1人でやる。邪魔だ。あっちへ行け」と拒否した。この時の体験をもとに、グレゴリオじいさんの日常生活をモデルにして書いたのが『老人と海』だ。

グレゴリオじいさんはヘミングウェーを「パパ」と呼んだ。「パパは他の米国人と違っていた。米国ときたら、何の権利があって世界を支配しようとするのだろう。ナガサキ、ヒロシマに原爆を落としたし、今も米国は病んでいる」と語った。しきりにふかす葉巻を見つめていると、「パパはラム酒は飲んだが、タバコはのまなかった。ワシは葉巻もラム酒も大好きさ。これが人生じゃないか」と笑った。

グレゴリオじいさんは2002年に104歳で亡くなった。今回、「ラ・テラサ」レストランを訪ねると、壁に彼の肖像画が飾ってあった。かぶっている青い帽子には「CAPITAN

（船長）」と書かれている。

席に着くと、ワン・ドリンク・サービスとしてキューバ名物のカクテル、ダイキリが出た。普通のダイキリは透明だが、これは鮮やかなカリビアン・ブルーをしている。そのダイキリの名が「ドン・グレゴリオ」だった。「ドン」は「ドン・キホーテ」と同じで、スペイン語で表す男性の尊称だ。飲むと、かなり度がきつい。体が熱くなった。

ダイキリを飲みパエリャを食べていると、3人組のバンドが横に来て演奏した。楽器はギターとベースで、曲は「カピタンの歌」。グレゴリオじいさんに捧げる歌である。うっとり聴いていると涼しい海風がラム酒で火照った頬を撫でた。

レストランの角のテーブルには入れないようにロープが張ってある。ヘミングウェーの定席だったのだ。そばにはヘミングウェーの顔と魚をかたどった像が置いてある。彼の名をつけたヘミングウェー釣り大会の優勝者に贈られるトロフィーである。

壁には優勝カップ型のトロフィーを前にカストロとヘミングウェーが並ぶ写真が飾ってある。革命から1年半たった1960年に行われたヘミングウェー釣り大会で優勝したのがカストロだった。

港の方に歩くとスペイン植民地時代の要塞が立つ。そばの公園にヘミングウェーの胸像がある。1961年に猟銃自殺で亡くなった文豪を懐かしんで、村民が寄金を出し合って建てた。

そばで老いた男性がギターを弾いていた。

2　世界遺産の町

首都ハバナの旧市街は、石畳や石造りの旧スペイン植民地風の建築が並ぶ。それもいいが、地方の町に行けば、街そのものが200年前にタイムスリップしたような気配を感じる。ハバナから南東に3時間半、車で走るとシエンフエゴスの街だ。スペインの植民地だったキューバには珍しく、フランスからの移民が建設した町である。中心部の広場に面して劇場や石造りの建物がそびえる。いかにもフランス風の造りだ。

街は「南の真珠」と呼ばれ、旧市街はユネスコの世界遺産に登録されている。キューバで最も清潔な街と言われる。確かにゴミが落ちていない。スペインから来た支配者たちは好き勝手に荒らしたが、フランスからの移民は自分たちが住むだけに、こぎれいにしようと努め、それが慣習となったのだろう。

広場のベンチでは市民がくつろぐ。若者はスマホで会話し、お年寄りは日傘を手にくつろぐ。元気のいいおじいさんがギターを手に歌っている。石畳の通りの両側の建物は白壁で統一されていた。手押し車に乗せたパイナップル売りに人だかりがしている。

ここから東へ2時間走るとキューバの南部、カリブ海に到達した。海辺には、観光を国の主産業にしようとした政府の意図で新しいリゾートホテルが造られている。かつてこのすぐ近くにソ連の援助で原子力発電所が造られようとしたが、ソ連の崩壊で計画は途絶えた。原発からリゾート開発に転換して正解だったようだ。

キューバで世界に名高い海岸のバラデロはキューバの北側でメキシコ湾に面している。そちら側の観光開発は進んでいるが、カリブ海側はまだこれからだ。海としてはカリブ海の方がきれいに思える。

砂浜の向こうに、真っ青な海が水平線まで、どこまでも広がる。ズボンのすそをまくって海に入って行くと、ほんの2〜3メートルで膝まで浸かった。水着で入った人を見ると、岸から10メートルほどで水深は胸まである。海水浴場としては最高だろう。

早起きしてまだ暗いうちに海辺に出ると、東の空にいきなり一条の赤い筋が現れた。朝焼けだ。垂れ込めた重い熱帯の雲と青黒い海との間に、赤い光がみるみる広がった。ヤシの木が黒いシルエットとなって浮かび上がる。「秋の日はつるべ落とし」というが、熱帯の夜明けは空《から》のつるべを引き上げるように急速だ。あっという間にあたりは光で満ち、肌寒いほどだった早朝の空気はたちどころに暑くなった。

ここから内陸に入ると、トリニダードという古都だ。日本で言えば京都に当たる。植民地時

地方では今も馬車が車の役割を果たす＝2016年1月、トリニダードで

代に奴隷売買の中心地となった町で、18世紀の街並みがそのまま残り、ユネスコの世界遺産に登録されている。

街に入ると、足元の道は石畳だ。両側に並ぶ平屋建ての家は薄いピンクやウグイス色のパステルカラーに塗られている。窓には白い鉄格子がはまり、いかにも古い植民地時代の建築がそのまま残る。

パッカ、パッカと音がして、石畳の道に馬車がやってきた。荷台で手綱を引くのはカウボーイ・ハットをかぶったおじさんだ。こんどは白馬が荷車を牽《ひ》いてきた。作業服を着た2人の男が乗り、荷台には穀物を入れた袋が置かれている。荷台がなく座席だけの馬車もある。荷物を運ぶだけではなく、乗用車やタクシーの役割も果たしているのだ。

街の中心部には公園となった広場があり、教会や大邸宅などスペイン風の建築が取り囲む。彫刻の模様はザクロを描く。スペイン南部のグラナダ地方のものと同じだ。16世紀にやってきたスペイン人たちが自分たちの故郷にちなんで置いたのだろう。

この町は刺繍《ししゅう》が名高く、あちこちに店がある。テーブルクロスやテーブルセンターなどに使う白い布に、レースで刺繍している。店の1つをのぞき込むと、ミシンの前で小学生くらいの女の子が留守番をしていた。こちらを見てニッコリとほほえむ。

街から外に出ると、レールが敷いてあり、汽車がやってきた。ディーゼル機関車が客車を3両牽いている。線路の先にプラットホームがあり、小さな駅舎があった。窓口の上の壁には料金表がある。大人と子どもと分けてあるが料金は同じだ。隣の駅まで0・4ペソ。つまり日本円だと2円である。

茶色と黄色の車体の機関車には「インへニオス渓谷」と書いてある。この地域の地名で、インへニオスとはスペイン語で製糖工場のことだ。ここら一帯は18世紀から19世紀にかけて、サトウキビ畑や砂糖工場が散在し、砂糖産業の中心地だった。当時はサトウキビ畑で働く3万人の奴隷がいて、奴隷貿易の中心地でもあった。この線路はもともと、収穫したサトウキビを運ぶためのものだった。

小高い丘に石造りの7層の塔が立つ。奴隷が逃げないように見張るための監視塔だ。高さは

45メートルで、当時はキューバで最も高い建造物だった。塔の下に置いてある鐘は、全盛期には塔の上で響き、奴隷たちに1日の労働の終わりを告げていた。

かつてサトウキビだった一帯に今やサトウキビはほとんど見られない。マンゴーやバナナなどの果樹園となっている。昔から見れば様変わりだが、日本ではほんの10年で変わる景色が、キューバでは100年をかけてゆっくり変化する。空気の流れも甘くゆったりしているような気がする。

第4節　キューバはこれから

1　キューバの水戸黄門カストロ

キューバ革命の英雄、フィデル・カストロ前国家評議会議長が2016年11月25日、90歳で亡くなった。中国の毛沢東やベトナムのホー・チ・ミン、ユーゴのチトーなど20世紀の名だたる革命家の中でただ1人、21世紀まで生き残った巨星の死である。

息を引きとった日は、ちょうど60年前に革命の実現のためメキシコからヨットに乗ってキューバに出発した日だった。

私はカストロと3度、間近で会ったことがある。

1989年にキューバを取材に訪れたさい、東部のカマグエイ市郊外に建設中の酪農村を取材した。公民館やアパートなどを建てるため労働者がツルハシをふるっていた。彼らに話を聞いていると突然、ジープが5、6台、一列に並んでやってくる。その2台目にカストロが乗っていた。現地視察だ。

労働者たちはツルハシを放り投げてカストロの方に走った。ジープから降りたカストロは集まった労働者たちの肩をポンポンとたたいて「ご苦労さん」とねぎらった。労働者たちもワイワイ言いながらカストロを取り囲み、カストロの肩をたたいて「よく来てくれた」と口々に叫んだ。カストロの真新しいオリーブ・グリーン色の軍服の背中に、さっきまでセメントで作業していた労働者の白い手形がいくつもついた。

カストロは労働者と肩を組んで歩いた。「あとどのくらいの期間で建設できるのか」と聞き、返事を聞くと「え？　たった？　そうか」とうなずく。野球場に着くと、「え？　これで野球をやれるのか？　小さすぎてソフトボールしかできないぞ」と言う。労働者が十分な労働条件の下で働いているかどうかも気にかけ、「住宅の広さは十分か」など矢継ぎ早に質問した。

そこにカウボーイ・ハットをかぶった男が近づいて「コマンダンテ（司令官）」と声をかけた。彼が「あなたのおかげでこんなにうまくいっています。革命の成果です」と言うと、カストロは茶目っ気たっぷりに笑い「司令官が私じゃなかったら、もっとうまくいったかもしれない」と答えて、みんなを笑わせた。

カストロにぴったり付き添って歩いた。顔には赤く細かい血管が網のように浮き出している。アルコールの飲みすぎなどによる肝機能の低下の症状だ。大きな口の中を開けると虫歯の治療跡が目立つが、そのほかは健康そのものだ。このとき彼は62歳だったが、白い肌がつやつやしている。大股で歩き、話すときは両手を後ろに回し、左の親指をせわしく動かしながら立て続けに冗談を飛ばした。左手首の黒いデジタル時計は日本のカシオ製の安物である。

このようにカストロは実によく全国を見て回った。工場や農村はもちろん、中学校を前触れなしに訪れ、授業中の生徒といっしょにバスケットボールをした。自分で現場を見て回り、地元の人と気さくに接する。問題があればその場で聴き、部下にメモを取らせて解決するものはその場で指示した。まるで「キューバの水戸黄門」である。

市場を取材中、買い物かごを提げた老人に話しかけると、彼は家族がカストロといっしょに写っている写真を懐から取り出した。1961年にカストロがふらりと彼の経営していた雑貨店に来た。彼が勧めるままいっしょに食事をしたという。カストロの飾らない人柄にひかれた彼は以後ずっとこの写真を肌身離さず持っている。こんな風だからキューバのあちこちでカストロを慕う人に出会った。

空港でベトナム政府代表を見送るフィデル・カストロ
＝2004年3月、ハバナの国際空港で

2 英雄か独裁者か

米国や日本のマスコミはしばしばカストロを「独裁者」と言い、キューバを「暗黒社会」と書く。だが、実際にキューバを訪れてカストロと接すれば、まったく違う印象を抱く。キューバを旅行した日本人の多くは「明るい社会」に驚き、ハバナに赴任した日本大使の何人もが帰国後にカストロに好意的な本を出版した。

カストロが一般国民と接するときは、まるで「兄貴」という感覚だ。独裁者なら、こうはいかないだろう。指導者が現地視察すると北朝鮮か中国なら、いや日本でも市民は整列して迎える。カストロは身内のような扱いだった。キューバの市民は、かしこまった席ではカストロを「司令官」と呼ぶが、「フィデル」と名前で呼ぶことの方が圧倒的に多い。「閣下」でも「首領様」でもなく、国民から親しみを込めて名前を呼び捨てで呼ばれる「独裁者」がいるだろうか?

独裁者という言葉には恐怖心がつきまとうが、少なくともキューバ国民のほとんどは、カストロを恐れるどころか慕った。

独裁者という非難に対して、カストロ自身はこう答えている。「私が1人で決定するということはない。重要な決定は常に集団的に分析されて下される。指導部は常に集団制でやってきた」。集団制だから独裁ではないと言うのだ。そして自分が独裁者ならローマ法王だって独裁者だと主張する。

さらに「キューバ流の直接民主主義」という言い方もした。彼自身が国民に直に接して政治に反映しているという思いが、この言葉となって表れている。カストロは、欧米や日本のような議員を選ぶ間接民主主義の方が実際には国民の意思とかけはなれていると言う。たしかに日本の国会議員を見ると、その言葉もうなずける面がある。

カストロの後継者が弟のラウルになったことを指してアメリカのメディアはキューバを北朝鮮のような世襲体制だと批判したが、あまりに短絡的な見方だ。ラウルは弟だから後継者になったのではない。彼はキューバ革命の端緒となったモンカダ兵営の襲撃メンバーだった。革命戦争で山に立てこもって戦った最初のゲリラ戦の戦士12人の1人でもある。当初からの古参革命家で、今も生き残って実際に政権の中枢で政治を把握したのはカストロ以外にはラウルだけだ。キューバの事情を考えれば、しごく当たり前な人事である。

独裁者は普通、自分の息子を後継者にするが、カストロの息子たちは科学者や医者だ。この点では北朝鮮の独裁者、そして米国のブッシュ家や日本の安倍家の方がよほど「世襲」と言えよう。

もちろん、社会主義を堅持するキューバの政治体制が世界の民主主義の原則からはずれているのは事実だ。そもそも共産党の一党支配だし、選挙が行われていても実質的には信任投票のようなものだ。メディアも政府系しかない。政府に反対すれば政治犯となって逮捕される。政治犯が存在すること自体が民主主義と反する。

だが、かつてのソ連や今の中国と違って、キューバでは政治犯に簡単に会ってインタビューできる。私はキューバの名高い政治犯3人に自宅でインタビューしてカストロの悪口を聞き、それを新聞に書いたが、キューバ政府からとがめられたことは一度もない。旧ソ連や中国では外国の記者が取材に行けば秘密警察が同行あるいは尾行するのが当たり前だったが、キューバではそのようなことがまったくない。

こうした事実を挙げるだけでも、カストロが言われるような「独裁者」でも、キューバが「独裁国家」でもないことが知れるだろう。

キューバと他の「社会主義国」とで目立った違いが1つある。ソ連も中国も、もちろん北朝鮮も、広場に指導者の銅像を建てたり大きな肖像画を飾ったりした。それは必然的に個人崇拝につながり、独裁につながった。キューバはこれを避けるため、革命の英雄でも生きているうちは、銅像はもちろん、肖像画さえ出さない。だからゲバラの肖像画は街で見ることができてもカストロの肖像画はなかった。

3　社会主義から社会正義へ

亡くなったフィデル・カストロの遺体は火葬された。社会主義を掲げる国では歴史的な指導者が亡くなると遺体を加工して永久に保存しがちだが、カストロはそうでなく火葬するようにと言い残した。自分が神格化されるのを避けるためだ。さらに公共の場や記念碑などに自分の名をつけないよう遺言した。個人崇拝をやめさせるという信念を死後も貫いたのだ。

カストロの灰は箱に納められ、キューバ東部サンティアゴ・デ・クーバの墓地に埋葬された。墓石はキューバ革命の思想的な指導者ホセ・マルティの廟のすぐそばだ。高さ3メートルの半球体の墓石の中央をくりぬき2016年12月4日、弟のラウルが遺灰の箱を納めた。表の銘板にはただ名前の「FIDEL」とだけ記された。国民から親しみをこめて呼ばれてきた名である。

サンティアゴ・デ・クーバはキューバ革命の発端となった地だ。カストロが最初に武装蜂起して襲ったのが、この町にあったモンカダ兵営だ。1953年の7月26日。この日が革命記念日である。失敗して捕らえられたカストロは法廷で「歴史は私に無罪を宣告するだろう」と名言を唱えた。

襲撃した年はホセ・マルティの生誕から100周年に当たる。捕まったとき反乱の首謀者はだれかと聞かれたカストロは「ホセ・マルティだ!」と答えた。マルティの遺志を継ぐ革命という思いからだ。カストロは常々「私はマルティ主義者だ」と語るほどマルティに心酔していた。カストロはマルクス主義者である前にマルティ主義者だった。

キューバ革命党を創立したマルティは詩人で哲学者である。スペイン植民地主義と闘った英雄として、キューバだけでなく中南米の全域で尊敬されている。彼は、人間は本来、自由であり社会の差別や抑圧をなくさなければならないと主張した。「人間はだれも他人の痛みを感じるべきで、1人でも不幸な人がいるかぎり我々は人間ではない」と説いた。カストロは彼を師と仰いだ。

服役を終えて国外に追放されたカストロはあらためて武装を整え、メキシコからヨットでキューバに侵攻した。それからわずか2年余りで独裁政府軍を打ち負かした。国民の支持があったから、こんな短い期間で革命に成功したのだ。

カストロはマルティの思想に沿って革命を進めた。平等を旨に、だれもが教育を受けられ貧しくとも医者にかかれるように尽くした。農地改革を実行してすべての農民が自分の土地を持てるようにした。ところが、米国の企業の土地を接収したことから米国政府と対立した。そこにソ連が介入してキューバを経済的に支えた。キューバは冷戦構造に組み入れられ、否応なく

「ソ連型社会主義」を採用することになったのだ。

だが、マルティの発想でもわかるように、本来、カストロが求めたのは社会主義というより社会正義である。当初のソ連の影響が強かったのと米国との実質的な戦争状態に対応するため社会主義の一党独裁を敷いたが、陽気でいい加減なラテン文化のキューバに統制経済はそぐわない。

1991年にソ連が崩壊したさいキューバは経済危機に陥ったが、かえって自立する機会とした。だが、米国はこのときキューバを完全に干上がらせようと厳しい経済制裁を続けざまに発動した。それが今日までキューバ経済を停滞させる病原となっている。

米国の制裁は他国にもキューバとの貿易を禁じる内容だ。たとえば日本の自動車がキューバから輸入したニッケルを部品に使っていれば、米国は日本の自動車の輸入を拒否する。だから米国と貿易関係がある企業はキューバの産物を買わない。キューバが実質的にどこの国とも貿易できなくなる狡猾《こうかつ》な仕組みを米国は編み出したのだ。

2000年代に入ってキューバは産業構造を改革した。砂糖が世界的に売れなくなったため製糖工場の半分をつぶし、産業の主軸を観光に移した。だが、なだれ込んだ観光客のドルが民間に出回った。ドルが日常的に手に入るタクシー運転手やホテルのメイドの方が大学教授や医師よりも金持ちになった。ドルを持つ者と持たざる者との格差が生まれ、社会が不平等になった。革命が目指した基本原則が壊れたのだ。

カストロは2005年に「革命は自壊しうる。壊すのはほかならぬ私たち自身だ」と警告した。そのさいに「マルクスやレーニンの理論は当時の条件の下で成立したもので、普遍化はできない。大切なのは人間の命だ。若者は新しい社会主義を追求してほしい」と語った。

同じころ、南米のベネズエラのチャベス政権やボリビアのモラレス政権など左派政権が生まれたためキューバは中南米での孤立を脱し、経済的にも潤った。ベネズエラに医師を大量に派遣する見返りに石油を安く提供してもらった。ところが、2013年にチャベスが亡くなりベネズエラの左派政権が危うくなった。石油が入らなくなり、キューバはまたも苦境に陥った。

こうした中、フィデルの跡を継いだ弟のラウル・カストロの政権はかなり大胆な改革を進めている。「大きな政府」の縮小化だ。国民の99％が国家公務員だった状態から自営業を増やし経済の活性化を狙う。411万人の公務員のうち150万人が過剰だと見積もり、その分の労働者を民間に回そうとする。

国営企業は必要なものだけ残して、軽工業などは民営化する方針だ。中国やベトナムのように市場経済を導入する。新しいコンセプトは「持続可能な社会主義」だ。もはや全国民の生活は保障できないと政府は断言した。これからは貧しい者や社会的な弱者に絞った福祉政策に転換する。「国営の社会主義」から「公共の社会主義」への転換とも言われる。

ラウル自身、2018年に退陣すると明言した。ここからは文字通り「カストロ後」になる。すでに政府や党の要職は50代の後継者が実務を担っており、世代交代はスムーズに進むだろう。カストロ兄弟がいなくなったからといってキューバ革命の精神がただちに消えはしない。

米国は今後の関係改善に向けてキューバの一党支配を変えるよう迫るが、キューバにしてみれば米国が敵視政策を続けCIAなどがキューバの体制崩壊を画策する限り、一党支配で団結して対抗せざるをえないのだ。米国には2017年、トランプ政権が誕生した。オバマ前政権が緩めたキューバ制裁を再び逆戻りさせようとしており、両国の対立はなお続く。

米国とソ連の2つの超大国を相手に半世紀以上にわたって対等にぶつかっただけに、カストロ後もキューバは簡単には揺るがないだろう。グローバリズムの今、世界の多くの国が弱者を切り捨てて社会格差を広げる米国流の新自由主義を採用する。一方でキューバは完全な形の社会主義は放棄しつつも、弱者を救う姿勢を崩さない。

米国のトランプ大統領に日本の安倍首相がすり寄る姿が、欧米のメディアから「おべっか外交」と皮肉られた。これに比べ小国ながら自立を貫くキューバの姿勢は凛として見える。社会主義にかわって社会正義を正面に掲げ、どのような道を歩むか、見ものだ。

第三章

シルクロードの中心、ウズベキスタン
ソ連後の中央アジアを探る

伝統衣装を着た老人の置物

第1節　知の空白地帯へ

1　文明の十字路

シルクロードに行こうと思い立った。壁画で名高い敦煌《とんこう》や中国のウイグル自治区ではない。目指すはユーラシア大陸の深奥、中央アジアだ。古代の日本に文化をもたらした源流がここにある。過去のノスタルジアに浸ろうとは思わない。ソ連が崩壊したあとのこの地域が今どうなっているのかは、ほとんど知られていない。いにしえの私たちの文化のルーツを求め、かつ現代政治の知の空白地帯を埋める旅に出よう。

中国が唐だった時代、シルクロードは首都の長安、つまり現在の西安と地中海沿岸の町アンティオキアまでの約７０００キロ、さらにはローマまでの約９０００キロを結んだ。その中心に位置するのがソグディアナだ。ソグド人が住む土地という意味である。

さらにその中心がオアシス都市サマルカンドだ。今は旧ソ連から独立したウズベキスタンの古都である。東西貿易の中心というだけでなく、北のシベリアと南のインドを結ぶ南北の結節点でもある。つまりユーラシア大陸の文明の十字路だ。

サマルカンドの人は赤ん坊が生まれると口に蜜を含ませ手に膠《にかわ》をにぎらせたと、10世紀の中国の書物『唐会要《とうかいよう》』に書かれている。甘い言葉を操り、銭を手から離さないようにするためだ。幼いころから商人道をたたきこまれた彼らは「いやしくも利のあるところ行かないところはない」ほどで、ラクダの背に荷を積み果てしない砂漠を越えて国際貿易の仲介者となった。

ソグドの人々を中国では胡人《こじん》と呼んだ。胡人は中国産の絹を西に運ぶ一方で、西の特産物を東にもたらした。胡がつく漢字を思い浮かべればわかる。胡麻《ゴマ》、胡瓜《キユウリ》、胡椒《コシヨウ》、胡桃《クルミ》はおなじみだが、胡豆はソラマメで、胡蒜はニンニクである。胡蘿蔔はニンジンだ。ウズベキスタンの名物料理プロフはつまりピラフで、炒めたご飯の上に千切りに刻んだニンジンが山ほど盛られる。

今、私たちが食べている胡瓜も胡麻も、飛鳥時代に始まった遣隋使さらに奈良・平安時代まで続いた遣唐使によって中国から日本にもたらされた。両膝を開いた胡人の座り方、胡坐《あぐら》は今の日本人のごく普通の習慣だ。奈良の正倉院に納められた宝物の中にはワイングラスのような紺瑠璃《こんるり》の杯、ラクダの模様を施した琵琶《びわ》、湾曲した角を持つ羊を描いた屏風などがある。その多くがサマルカンドからシルクロードを伝い、中国や朝鮮半島を経てはるばる日本にやってきた。

2　最も残酷な独裁者

中央アジアにはウズベキスタンのほかにもカザフスタンやアフガニスタンなどスタンがつく国が多い。スタンはペルシャ語で「～の地」を意味する。ウズベキスタンはウズベク人の土地のことだ。現代のシルクロードに生きるウズベク人とは、どんな人々だろうか。

１９９１年にソ連が崩壊してから4半世紀が過ぎた。ソ連から離れたロシアやウクライナなどヨーロッパ寄りの国はなにかと話題になるが、中央アジアの国についてはほとんど知られていない。過去の歴史は本で読めても現在の社会はわからないという逆転現象だ。

ウズベキスタンはソ連が崩壊したためにいやおうなく突然、独立することになった。強権体制がそのまま引き継がれ、独立前から政権を握っていたカリモフ大統領が２６年間も政権を握った。反対派を容赦なく弾圧したため、欧米のメディアは彼を「最も残酷な独裁者」と呼ぶ。

東京でＩＴ会社を立ち上げたウズベキスタン女性から話を聞き、日本の大学で教えるウズベキスタン人の本を読んだ。資料の中には、この国は野党が許されない独裁国家で警官の数が樹木の数よりも多く、つい最近までイスラム原理主義運動のテロが何度も起きて大統領が暗殺される寸前だったと書いてある。

旅の手続きを調べると、入国のさいは財布の金額や持ちこむ電気製品を正確に申告しなければならない。かなりわずらわしそうだ。行こうとした9月の気温は40度だ。在ウズベキスタン日本大使館が発行した「安全の手引き」はこの国の危険性を13ページにわたって強調し、緊急脱出の手引きまで載せている。面倒で危ない国という印象だ。

それでも、シルクロードの中心地を見たいという誘惑には抗しがたい。出発前にシルクロードの歴史や正倉院の文物、中央アジアの民族や現代の姿など計103冊の本を読破した。ウズベキスタンのあとは隣のカザフスタンも訪れる計画を立てた。

ところが直前になって、予定した日にウズベキスタンに入国できないことがわかった。9月1日が独立記念日で、その前後は空港が閉鎖されることになったと言う。おそらくテロ対策だろう。とりあえずウズベキスタンに飛ぶものの、先にカザフスタンを訪れることにした。最初から波乱含みだ。

波乱はさらに高まった。出発の5日前、独裁者と呼ばれたカリモフ大統領が脳出血で倒れ入院した。翌日、大統領は死亡したという未確認情報も流れた。統制国家で独裁者の身に異常があれば社会は混乱するのが普通だ。テロが起きるかもしれない。穏やかならぬ心を抱えたまま、成田からウズベキスタン国営航空機に乗りこんだ。

3　上空から見るシルクロードの今

ウズベキスタン国営航空の直行便は火曜と金曜の週2便あり、成田とウズベキスタンの首都タシケントを結ぶ。機体の尾翼には鳥のデザインが描かれている。フェニックスつまり不死鳥のマークだというが、コウノトリだという説もある。ウズベキスタン航空の東京事務所に問い合わせると「周囲はもちろん本国の本社にも聞いたが、誰もわかる者がいない」という返事だ。

成田からタシケントまで６０３０キロ。午前１１時5分に出発して、午後4時３５分には目的地に着く。とはいえ時差が4時間あるので実際の飛行時間は9時間半もある。飛行機の航路はそのままシルクロードの上空だ。機中から眺めることができるので寝るわけにはいかない。

飛び立ったボーイング７６７型機は富士山の北から日本アルプスを北上して富山湾に抜けた。日本海の岸に沿って南西に飛び、島根県の宍道湖《しんじこ》を過ぎたところで日本海上空に突入した。北緯３５度を真西に飛ぶ。そのまま行けば中国の西安の上空だ。唐の時代にシルクロードの東の起点だった長安である。飛行ルートはまさにシルクロードの上空をなぞろうとしている。

　中国大陸を奥深くぐんぐん進入する。眼下の大地は真っ平らだ。見渡す限り水田が広がる。1枚の幅広い布がたなびくように、曲がりくねった茶色の大河が流れる。黄河だ。いくつもの支流を飲み込みながら蛇行する。航路表示は目的地まであと3548キロを示す。しだいに緑は絶えていった。

　離陸からちょうど4時間。地面は赤茶けた黄土色になった。ゴビ砂漠だ。窓から照りつける太陽はいちだんと熱くなった。糸くずのような川床が見えるが水は流れていない。機中の位置表示を見ると、壁画で名高い敦煌の上空近くだ。シルクロードの幹線とも言えるオアシス路は、ここから天山《てんざん》北路、天山南路、西域南道の3つのルートに分かれた。

　シルクロードの語源は19世紀ドイツの地理学者リヒトホーフェンが唱えたザイデン・シュトラーセンだ。ドイツ語で「絹の道」を意味するが、シュトラーセンはシュトラーセ（道）の複数形である。「絹の道」は1本の道ではなく道路網なのだ。北の草原地帯を通るステップ路、中央の山麓と砂漠を縫うオアシス路、南のインド洋を船で伝う南海路と大きく3つに分かれる。

　このうち主要なのがオアシス路だ。オアシスとは砂漠の中で水がある地域のことだ。泉や川、井戸でもいい。原始農耕はこうした乾燥地帯のオアシスで発生したと言われる。夏の気温が一定で冷害がなく、雪解け水のため水量が安定しているからだ。これに対して温暖な大河の一帯は洪水や冷害など自然の災害があり農耕をするには工夫が必要だった。工夫しなければ生きて行けないからこそ、大河沿いで4大文明が発達したのだ。

飛行機の行く手には天山山脈がそびえ、その南にタクラマカン砂漠が広がる。天山山脈の北側の裾野に沿ったシルクロードのルートを天山北路という。敦煌から北上してトルファンからウルムチを通りサマルカンドに至る。これに対して天山山脈の南側を通るルートを天山南路または西域北道という。敦煌から楼蘭《ろうらん》、クチャ（亀茲《きじ》）を経てカシュガルに至る。タクラマカン砂漠の北側だ。

一方、タクラマカン砂漠の南側のルートを西域南道と呼ぶ。敦煌から楼蘭さらにホータンを経てカシュガルに至る。3つのルートの中では最も早く紀元前2世紀ころに開かれた。

『西遊記』に三蔵法師として登場する玄奘《げんじよう》は、天山南路から北路に抜けて中央アジアからインドに至り、帰りは西域南道を伝って中国に帰国した。今、北に天山山脈が見える。南はタクラマカン砂漠だ。飛行機はかつての天山南路の上空を西に飛んでいる。

強烈な日差しが照りつけ、大地はまるでレンガのように固まっている。干上がった川床がいくつも見える。砂漠の上に線路が延びる。新疆《しんきよう》ウイグル自治区のトルファンからカシュガルに至る全長1445キロの南疆鉄路だ。シルクロードの要衝クチャなどオアシス都市を縫うようにして走る。駅舎の周辺にわずかな人家があるだけで、のっぺりとした茶色の大地がどこまでも広がる。

のっぺりと見えるが実際の大地は起伏に富んでいる。砂丘はときに高さ90メートルにも及ぶ。1つ砂丘を越えれば、また次の砂丘がそびえる。人間の忍耐力を試すような土地だ。絹を運ぶ隊商（キャラバン）は大小あるが、普通は1度にラクダ300頭を連ね20頭を1人が曳《ひ》いてトボトボ歩いた。ラクダの4分の3には絹などの商品を載せ、残りにテントや水、食料を積んだ。ラクダに乗ることができるのは隊長とコックだけで、ほかは全員、すべての行程を歩いたという。

一列縦隊で1日あたり8時間、約30キロ進んだ。日差しの強い昼間は避けて夕方から夜にかけて歩くが、月が出なければあたりは真っ暗だ。頼りはラクダの首につけた鈴の音だけ。はぐれたら命はない。経文を求めて中国からインドへの道を踏破した六朝時代の僧、法顕《ほっけん》は「上空に飛ぶ鳥なく大地を走る獣もない。ただ死人の白骨を目印として進むのみ」と記した。

やがて砂漠の中に黒い岩山があちこち顔を出し、上空には羊の群れのような白い雲が散らばる。これだけ雲があれば雨が降りそうなものだが、地面は土が黒く固まった土漠である。雲の影がまだら模様をつくり、土漠は再び砂漠となって波のような風紋が砂上に広がる。

ふと、川筋に緑の畑がポツリと現れた。オアシスだ。そこから東西に一筋の舗装道が延び

砂漠の中にできた町は今にも砂に埋もれそうだ
＝2016年9月、中国の新疆ウイグル自治区上空から

る。陽光を反射して白く輝く点が動く。西に向かって車が走っているのだ。舗装した道に並行して、細い茶色のまっすぐな筋が見える。この道こそ、かつてラクダが行き来した古来のシルクロードだろう。

砂の色が赤味から黒味を帯び、干上がった川の跡が網の目のような筋をつける。低地が白く見えるのは塩湖が干上がって岩塩が露出しているのだ。出発から6時間、南に冠雪した崑崙《こんろん》山脈を望む。万年雪が流れ出す渓谷にはダムが青い水をたたえる。そこから一筋の川が流れ、両岸には細く緑の畑が延びる。

砂漠の中に忽然《こつぜん》と都市が出現した。

窓の真下はきれいに区画割りした街並みだ。林立する高層ビルも肉眼で見える。水を貯めた人造湖もある。地図を広げるとカシュガルのようだ。新疆ウイグル自治区の西端で都市圏の人口は120万人に達する大都市である。

街が尽きると南はまたも険しい峰となった。ペルシャ語で「世界の屋根」を意味するパミール高原だ。中国では葱嶺《そうれい》と呼ばれた。さらに1時間近くして、山肌が赤くぎざぎざした低い山が不気味な姿を現した。『西遊記』に出てくる火焔山《かえんざん》のような赤茶けた山だ。やがて米国のグランドキャニオンのような深くえぐれた谷間となった。

その後はなだらかな平地となって緑の畑が延々と広がる。大規模なオアシスだ。成田空港を出発して9時間半。中央アジアの心臓、ウズベキスタンの首都タシケントに着陸した。

その4時間後、重体に陥っていたカリモフ大統領は死亡した。

第2節　遊牧民の大地カザフスタン

1　シルクロードの歴史が生きる街

ウズベキスタンの首都タシケントの空港に着くと、そのまま乗り換えゲートに向かい、隣国のカザフスタンに飛んだ。1時間半後に着いたのはこの国で最大の都市アルマトイだ。ソ連から独立したあと内陸部のアスタナが首都となるまではアルマトイが首都だった。中央アジアの大都市である。空港にいる人々の顔を見ると、緊張が解けた。日本人にそっくりなのだ。

アルマトイとは「リンゴの里」という意味だ。かつては町の周辺にリンゴ林が広がっていた。気温は30度だが、乾燥しているので心地よい。高地にあり、軽井沢のような環境だ。見上げれば万年雪をいただいた高峰を街から望む。シルクロードのオアシス路を南北に分ける天山山脈の果てである。街はゆったりとしている。国土の広さは世界第9位で、アジアでは中国やインドに次ぐ。

街を走るバスの車体には市の紋章が描かれている。白地に黒の斑点がある雪豹《ゆきひょう》が口にリンゴの花をくわえて後ろを振り向いた絵だ。思わず身を乗り出した。後ろを向いた動物を描くのは中央アジアの遊牧民族に特有な伝統文様だ。紀元前のスキタイ時代から伝わるものが現代の社会にも使われている。

これに似たもので馬に乗った射手が後ろを振り向きながら弓を放つ文様がある。パルティアン・ショットという。正倉院の銀壺の模様は射手も、射られようとする鹿も振り向いている。パルティアとは紀元前3世紀に現在のイランにあった王国だ。退却すると見せかけ、油断した相手が追ってくるとこの方法で射たという。これで侵入したローマ帝国の軍隊を撃退した。

花を口にくわえるのは、正倉院の宝物に見られる花喰鳥《はなくいどり》文様を連想させる。鳥が花をくわえたデザインで、咋鳥文《さくちょうもん》ともいう。敦煌の壁画には花をくわえた鳥が釈迦《しゃか》の説法を聴く図がある。西南アジアから日本に伝わる文様が21世紀の今も市民生活に活かされている。

泊まったホテルの名をオトラル・ホテルという。オトラルは歴史上に名高い地名だ。モンゴルのチンギスハンの隊商をオトラルの支配者が殺害して荷物を没収した。怒ったチンギスハンは自ら大軍を率いて進軍し、破竹の勢いで一帯を征服し、ついにはユーラシア大陸にまたがる大帝国を創建した。オトラルは現在のカザフスタン南部にある。

ホテルのレストランに描かれた虎狩りの壁画＝2016年、アルマトイで

ホテルのレストランの壁はシルクロードの人々を描いた壁画で四方が埋まっていた。フェルトの帽子をかぶった男たちが槍やこん棒を手に虎狩りをする絵。楽師が弦楽器を奏でるそばで女性たちが赤ん坊をお湯につけている絵は出産を祝っているのだろうか。男が女性の前にひざまずいて言い寄る絵。いかにも中国人らしい男女が荷物を乗せたラクダを引き連れている絵もある。

壁画は市内のあちこちにあった。地下鉄1号線の駅の一つジベックジョルは、カザフスタンの言葉でシルクロードという意味だ。つまりシルクロード駅である。切符を買って改札をくぐった。下りのエスカレーターは地獄まで行くのかと思うほど地中深く潜ってようやくホームに着いた。地下鉄が核シェルターを兼ねているのではないかと疑うほどだ。

ホームの壁には陶板がはめ込んである。壺を背負ったラクダや鎧《よろい》を着て馬に乗った武人などの浮き彫りだ。シルクロードの王子と姫の結婚式を描いた壁画もある。壇上に立つ王子は白いガウンを着て、姫の花嫁衣装の裾をお付きの女性2人がささげ持つ。壇の下には貴族が金色や青色の豪華な衣装を着て贈り物を持ち、弦楽器をかかえた楽師が演奏する。

国立博物館を訪ねるとホールの正面に「黄金人間」の像が立っていた。4000枚もの金細工をつなげた鎧のような服をまとった男性の姿だ。羊やカモシカなどの動物文様が彫金してある。頭にも馬やライオンなどをかたどった金細工をつけたとんがり帽子をかぶる。古代の遊牧民族、スキタイ民族の墓から掘り出され、紀元前5世紀のものと言われる。

古代ギリシャ軍に従軍した歴史家ヘロドトスは「とんがり帽子のサカイ族と戦った」と『歴史』に記した。サカイとはスキタイ民族のことだ。歴史家が書いたそのままの姿が墓から出てきたのだ。この一帯は昔から典型的な遊牧民族の地だった。

「黄金人間」の服装は、今の私たちとほとんど変わらない。ズボン、筒袖の上衣、ベルト、バックル、靴。これらはすべて遊牧民族が発明したものだ。古代ギリシャや古代ローマでは一枚の布を体に巻きつけ、足にはサンダルをはいていた。古代中国ではゆったりとした漢服だ。

21世紀の今日までつながる服装は騎馬民族が開発した習俗なのだ。長靴も拍車をつけて馬を操る狩猟や戦いに向いている。軍装は古代遊牧民の時代からほとんど変わっていない。

2　遊牧民族と農耕民族の違い

馬に乗る騎馬が歴史に登場したのは紀元前10世紀と言われる。19世紀に英国で蒸気機関車が発明されるまでの3000年は、騎馬が最も速い交通手段だった。馬に乗ることで各地に散らばっていた遊牧民が簡単に集まれるようになり、遊牧民の国家が出現した。オアシスの農耕民に従属していた遊牧民が、馬を飼い慣らしてからは強大な戦闘能力を持つ騎馬民族として農耕民に君臨するようになった。

カザフ人の多くは最近まで半遊牧生活をし、1年のうち半年は家畜を連れて山で過ごしていたという。遊牧生活の痕跡は今でも見られる。首都郊外に天幕の家があった。ユルタという。モンゴルのゲルや中国のパオと同じだ。直径約5メートルの円形で、木の棒を組み合わせた骨組みの上を羊の毛で作ったフェルトで覆って壁にしている。中は意外と明るい。天井の丸い部分が開いていていて、天窓の役目を果たしている。

床には茶色い地に白で唐草模様を描いた絨毯《じゅうたん》が敷いてある。壁の部分には幾何学模様の絨毯が下がる。床には赤や黄色の極彩色の腕枕《うでまくら》が転がる。左側の壁際にベッドがあり、カーテンが下がっている。靴を脱いで入り、胡坐をかいて座ると胡人になった気分だ。

料理が出てきた。揚げたパンのようなものはサムサというパイだ。中に肉や玉ねぎが入っている。ロシア料理のボルシチが出てきた。ビートのスープだ。遊牧民族の伝統食にソ連の時代に広まったロシアの食生活が混じっている。

ポットに白い液体が入っている。ラクダの乳だ。ヨーグルトのような味だが酸味が強く、牛乳よりもコクがある。こんどは馬乳酒が出てきた。牛乳のような白色をしているが、きりっとして酸味がかなり強い。アルコール度数は低く1~3%だ。酒と言うよりも乳酸飲料に近い。乳搾りの期間が限られており、なかなか手に入らないという。

ユルタの壁に弦楽器が掛かっていた。ドンブラという名の民族楽器だ。洋ナシの形をした胴から1メートルほどの細長い棹《さお》が伸びる。胴の表の平らな部分は松、裏の膨らんだ部分は白樺だ。2本の弦は今はナイロン製だが、昔は羊の腸だった。吟遊詩人が古くから伝わる抒情詩を弾き語りするさいの伴奏に使った。

市の中心部の公園にあるカザフ民族楽器博物館を訪ねると、さまざまな種類の楽器があった。多くが弦楽器で、ドンブラが中心だ。ドンブラの胴を大きくして竿を短くしたような弦楽器が正倉院に収蔵してある。螺鈿紫檀五絃琵琶《らでんしたんごげんびわ》だ。古代の5弦の琵琶としては世界に残る唯一のものである。胴体にはラクダに乗った胡人が4弦の琵琶を弾く精巧な螺鈿細工が施されている。このラクダもまた後ろを振り向いている。

ドンブラの音色を実際に聴いたのはカザフスタン国立大学の教室だ。演奏してくれたのは東洋学部日本語学科の3年生の女生徒である。少女はイスに座って足を組みドンブラをギターのように抱えて指で爪弾いた。2本の弦から単調で素朴な旋律が流れる。妙に懐かしさを覚える。時に激しくかき鳴らすと津軽三味線を思い出す。別の女生徒は日本語で石川さゆりの演歌を歌ってくれた。顔つきが日本人そっくりで感情を込めて歌うため、日本にいるような気がする。ユーチューブを見て覚えたという。

北海道大学に留学していた4年生の女生徒カミーラさんは、日本語とカザフ語の類似性やカザフスタンの紹介を日本語で話してくれた。日本のアニメに興味を持ち、インターネットで日本語を聞くととてもきれいに聞こえたのが日本語を学ぶきっかけだった。地元に日本センターがあって高校生のときに通った。同じウラル・アルタイ語系なので文法の構造が似ており、日本語は覚えやすかったと言う。

しかし、文法は似ていても文化は違う。彼女が日本で最もカルチャーショックを感じたのが「気配り」だ。自分のことだけでなく周囲の他人のことを考え、なにかあればきちんと列に並んで順番を待つ日本の習慣が新鮮だった。「『迷惑』という言葉はカザフ語にはありません」と笑う。

これは狩猟遊牧民族と農耕定住民族の違いだろう。狩猟で尻込みしていたら収穫はない。いきおい我が強くなり他人を押しのけても目的を達しようとする。一方、農耕民の場合、みんなでいっせいに農作業をするから他人に配慮しなければ社会は成り立たない。他人への迷惑を無視すれば村八分となり、社会からはじき出される。

郊外の公園を訪れると黄色のきれいな花が一面に咲いていた。名を問うと「花です。個別の名は聞いたことがない」という返事だ。椎名誠氏がモンゴルで同じ体験をしたと書いている。遊牧民にとっては花よりも家畜に食べさせる草の方が大切なのだ。彼らにとって花は雑草にすぎない。日本人にとっての雑草は、彼らにとって大切な飼料である。

3　旧ソ連の影

カザフ人の顔は本当に日本人に似ている。空港で迎えてくれた女性ガイドのジャナルさんも日本人のような顔だ。ジャナルとは「瞳」の意味なので、瞳ちゃんと呼ぶことにした。

瞳ちゃんは中国の新疆ウイグル自治区で生まれ育ったカザフ族だ。カザフ政府の里帰りの呼びかけに応えてカザフスタンを訪れ、そのまま住み着いたという。新疆では中国政府によってウイグル人が圧迫されているが、カザフ人にとっても居心地は良くないようだ。中国からカザフに観光で訪れて住み着くカザフ人は多いという。

カザフスタンは広大な国土を持つ割に人口は1700万人ほどでしかない。しかし、世界各地に散らばったカザフ人が1000万人規模でいる。政府はこうした同胞を吸収して国民をふやそうとしているのだ。カザフ人と証明されれば3ヵ月で永住許可が出る。

この国には137もの民族が共存している。そのうちカザフ民族は全人口の3分の2にすぎない。アルマトイの街を歩くと白人をよく見かける。ロシア人だ。ロシア人はカザフ人の次に人口が多く、国民の2割以上もいる。ソ連時代は人口の3分の1を占めた。

19世紀に帝政ロシアが中央アジアを侵略したさいに要塞を造って拠点としたのがこの町だ。それ以来、カザフスタンにはロシア人が押し寄せた。国語はカザフ語だが、公用語はロシア語だと憲法に規定してある。街で見かける看板はロシア語のキリル文字だ。カザフ人の大半はイスラム教徒だが、市の中心部にそびえるのはロシア正教の教会である。文化ではロシアの影響が強い。

帝政ロシアから社会主義のソ連に替わると、遊牧民もコルホーズなど集団農場に強制的に組み込まれた。このとき無理な定住で家畜が大量に死んだ。強制されるのを嫌って数万人の遊牧民が国境を越えて隣の中国に亡命した。もしかして瞳ちゃんの先祖もその中にいたのかもしれない。

ソ連時代はロシア人の天下だった。国家の政策としてロシア人やウクライナ人が数十万人規模でカザフスタンに入植した。ロシア人がカザフ共産党の幹部に任命された。不満を持つカザフ人の中にロシアに対抗する民族主義が芽生えた。抵抗するカザフ人を鎮圧したカザフスタン共産党中央委員会第一書記は、その功績を評価されてモスクワ中央に栄転した。後のブレジネフ書記長だ。

当時のカザフスタンではカザフ語を使うと非難され、バスの中でカザフ語を話せばバスから降ろされた。宗教も制限された。イスラム教徒は豚肉を食べないが、食事に出た豚肉を食べなければ非難されたと、瞳ちゃんはいう。

カザフスタン北東部のセミパラチンスクはソ連時代に核実験場として使われた。ソ連の崩壊で閉鎖されたが、40年間で約500回の核実験が行われた。被害者は150万人に上ると言われ、今も放射能汚染の問題が残っている。またソ連時代には核兵器の基地が置かれ、104基もの大陸間弾道弾（ICBM）が配備されていた。ソ連崩壊後にカザフスタンは突然、世界第4位の核保有国になった。首都の地下鉄が異様なほど深い場所に掘られているのを見て核シェルターではないかと疑ったが、あながちはずれてはいないようだ。

核兵器は1995年までにすべて撤去されたが、今の問題は原子力発電所の建設だ。201

5年にこの国を訪問し原発建設計画への協力を約束したのが日本の安倍晋三首相だ。

カザフスタン北部のバイコヌールにはソ連時代から続く宇宙基地がある。1961年に人類で初めて宇宙を飛行したガガーリン少佐が宇宙に飛び立ったのはこの場所だ。今も日本人宇宙飛行士が乗ったソユーズ宇宙船がここから打ち上げられている。一帯の土地を管理しているのはロシア連邦宇宙局だ。今もロシアが年間約100億円で租借している。

ソ連時代の暗い影は、ソ連崩壊後に独立した今もまだ目につく。

首都で最大の中央市場をのぞいた。名をコック・バザールという。コックは「青い」を指すので、「青物市場」という意味だ。緑の野菜をたくさん売るのでこの名がついた。昔は緑を青と言ったという。緑なのに青信号と言う日本と同じだ。このあたりが同じアジア人の感性を感じる。

入り口の近くには干しブドウやアンズなど乾燥した果物や胡桃《クルミ》、カシューナッツなどナッツ類が山盛りだ。蜂蜜は巣のままラップに包んで棒状で売られている。その一角にキムチ売り場が並んでいた。売っているのは朝鮮系の顔立ちの女性たちだ。なぜ、中央アジアに朝鮮民族がいるのだろうか。

かつて日本が「満州国」を建設したさい、ソ連の指導者スターリンは隣接したソ連の沿海州に住んでいた朝鮮民族が日本のスパイとなることを疑った。このため約20万人もの朝鮮民族を中央アジアに強制移住させた。ひどい話だが、その子孫が今も民族の伝統を保って暮らしているのだ。彼らは自分たちを朝鮮語で「コリョ・サラム（高麗人《こうらい》）」と呼ぶ。

市場の奥は肉の売り場だ。馬肉のコーナーが2つ、牛肉のコーナーでは長さ30センチもある牛タンが5本、ダラリと下がっている。羊肉売り場には羊のさまざまな部位の肉が並ぶ。仔羊が四肢を開いた形のままぶら下がる。

不思議なのはハエがまったくいないことだ。これだけ生ものだらけだからハエがたからない方がおかしい。いくら乾燥地帯で虫が少ないとはいえ、いぶかるほどだ。「清潔にしていますから」と市場の人は説明する。実際、床にはゴミがまったく落ちていない。掃除道具を持った制服の清掃員が足しげく掃除をして回る。髪の毛一筋のゴミも許さないといった顔つきだ。

売り場の写真を撮ろうとしたら市場の監視員が飛んできて「撮影は禁止だ」と目を引きつらせて言う。禁止の理由を聞くと、ソ連時代から続いている習慣だという。それにしても撮影をなぜすぐに気づかれるのだろうか。見渡すと市場のあちこちに監視カメラがあった。不気味だ。すべて国が監視して何もかも禁止され、人間どころかハエが飛ぶことさえ許されないのかと疑いたくなる。

カザフとは本来、「自由」を意味する。「放浪者」「冒険家」の意味でもあり、土地に縛られず自由に遊牧する人々を表した。ロシアのコサックも同じ語源だ。遊牧民にはもともと自由への渇望があるが、現実は厳しい。
2日間のカザフスタン滞在のあと、本来の目的地ウズベキスタンに向かった。

第3節　ウズベキスタンの古都

1　特急列車東洋号

カザフスタンから飛行機でウズベキスタンへ。首都タシケントの空港で入国するさいは身構えた。通関のさいは厳しく検査されると日本でさんざん聞いたからだ。書類の記述に間違いがないよう何度も見直して提出した。ところが、税関の係官はビザを確認したらあっという間に通してくれた。所持金などの申告用紙もさっと見ただけだ。聞いていた話とはだいぶ違う。

ロシアのキリル文字だったカザフスタンと違って、ウズベキスタンは私たちが日ごろ目にするローマ字だ。案内のパンフレットはウズベク語だけでなく英語でも書いてある。しだいに緊張が解けてきた。

空港で迎えてくれたウズベキスタン人のガイドの男性は、名をシュンコルという。隼《ハヤブサ》の意味だ。顔は「細川たかしの隠し子です」と自ら紹介するほど、あの演歌歌手に似ている。「北の～酒場通りには～」と日本語で歌い出した。声まで似ている。陽気で人懐こい。

列車に乗って地方都市ブハラを訪れることにした。かつて王朝の首都だった町で、日本で言えば奈良に当たる古都だ。シルクロードが活発だったころ都市国家だったブハラを中国では「安国《あんこく》」と呼んだ。タシケントは「石国《せきこく》」で、2つの町の中間に位置するサマルカンドは「康国《こうこく》」だ。いずれもシルクロードの要衝である。鉄路の旅はそのまま旧シルクロードをたどる。

ちなみに中国の唐の時代、中央アジアから唐にやってきたソグド人は出身地を姓にした。ブハラ生まれなら安氏で、サマルカンド生まれなら康氏だ。玄宗《げんそう》皇帝の時代に反乱を起こした将軍、安禄山《あんろくざん》はサマルカンド生まれのソグド人だ。母親がブハラの人と再婚したため姓を「安」とした。禄山はソグド語のロフシャン（明るい）を音が似ている漢字に置き換えたものだ。

タシケントの鉄道駅に行くと、亡くなったカリモフ大統領を追悼する祭壇がホールに設けられていた。1メートル四方もあるカリモフ氏の写真の周囲は白いバラやユリの花で囲まれている。

ホームに行くと特急列車シャルク（東洋）号が待っていた。いかにも旧ソ連らしい頑丈そうな造りの車体だ。機関車の車体はモダンなデザインで青と白に塗られ「O'ZBEKISTON（ウズベキスタン）」と国名が書いてある。

客車は部屋に分かれたコンパートメント方式だ。通路に沿って3人部屋と6人部屋が並ぶ。壁に時刻表が貼ってある。午前8時45分に出発し12時4分にサマルカンドに到着、さらに終点のブハラには午後3時16分の到着予定だ。6時間31分もかかる。実際には7時間以上かかった。途中のサマルカンドで機関車を交換するのに手間取ったからだ。

長旅だが途中の風景を見ていると飽きない。最初に渡った川幅300メートルの大きな河は世界地図にも載っているシルダリヤだ。ダリヤは海の意味だが、転じて大河を指す。シルは「豊かな」という意味で、シルダリヤとは「水が豊富な大河」だ。天山山脈に源流がありアラル海に注ぐ。

車窓の向こうの道にはポプラの並木が続く。街を出ると綿花やトウモロコシの畑だ。家の屋根は大半が日本のような切妻造りでトタン屋根が多い。やがて砂漠地帯となった。線路わきにピンクの花をつけた低木が生えている。シルクロードを描いた平山郁夫画伯が愛したタマリスクだ。砂漠は土漠となり、やがて一面に緑が広がった。この国特産の綿花の畑だ。さらに目の覚めるほど真っ青な湖が現れた。見とれているうちに列車はホームに滑り込んだ。

2　血なまぐさい城壁都市ブハラ

真っ青な空だ。強い日差しに真っ白な2階建てのブハラ駅が輝く。周囲にはほかに何もない。線路をのぞき込むと、レールに「NIPPON STEEL」と刻印されている。旧新日鉄のレールだ。現代のシルクロードは日本製の鉄路だった。

駅はブハラの町はずれにあった。バスで市内に向かうと日干しレンガで建てた平屋建ての家が並ぶ。道沿いのところどころにレンガを積み重ねた壁の廃墟《はいきょ》が残る。この街の周囲12キロを取り囲んでいた城壁の一部だ。市の中心部はユネスコの世界遺産に登録された旧市街で、中心には城がそびえていた。

砂山を思わせる黄土色の城壁が目の前にそそり立つ。アルク城だ。城壁の高さは20メートルある。7階建てのビルくらいの高さだ。1世紀から4世紀にかけて建設され、13世紀にはチンギスハンの軍隊に破壊されて住民は皆殺しにされた。破壊されては再建され、1920年にソビエト赤軍に爆撃され一部を破壊された跡が今も残る。だから住民の旧ソ連に対する感情は冷たい。

2本の塔がそびえる壮大な城門をくぐると、壁に鉄格子がはめてあった。牢獄だ。19世紀にやってきた英国の将軍が馬に乗ったまま城内に入ったので不敬罪で捕らえられ、ここに3年閉じ込められたあと処刑されたという。城に入ると、いきなり見せしめを目の当たりにすることになる。不気味だ。

反対側の壁には中国からもたらされた花瓶が飾ってあった。細かい花の装飾模様で埋まる手の込んだ磁器だ。城の宝物には陶器、磁器が5000点もあり、日本から伝わった壺もあるという。

ブハラのシンボルと言われるカラーン・ミナレットを訪れた。イスラム教のお祈りの時間を告げるレンガ造りの塔で12世紀のものだ。頂上まで46メートルで、15階建てのビルほどの高さがある。頂上近くの窓に灯をともし、夜に旅するシルクロードの隊商のために灯台の役割を果たした。一方で犯罪人を窓から投げ落として殺したという。血なまぐさい。

珍しい鋏《はさみ》を作る鍛冶屋《かじや》の工房を訪ねた。白い刺繍の入った黒い四角形の民族帽ドッピをかぶり、でっぷりとおなかが出た親方サイフッローさんが出来上がったばかりの鋏を取り出した。全体がコウノトリの形で長さは15センチほど。刃を開くと鳥が口を開けた形になる。コウノトリは高い樹木や電柱さらには寺院の塔の上にも巣を作り、幸せを招く鳥として人々に親しまれている。25ドル出して買うと、その場で刃の部分に私の名を刻んでくれた。工房では鋭い肉切りナイフや湾曲した長い刃の刀も作っていた。ここもまた血なまぐさい。

市内には中央アジアに現存する最古のイスラム建築、イスマイール・サーマーニ廟が立つ。イスラム以前の紀元前の宗教、ゾロアスター教の影響を受けたものだ。その教義の特徴は善と悪の二元論だ。相手に二者択一を迫る。あいまいさを許さない風土だ。それが血なまぐささにつながるのだろう。

オアシスを一歩出れば砂漠だけに、逃げ場がない。周到な用意をしなければシルクロードに歩み入ることは不可能だ。照りつける太陽、少ない水。厳しい自然条件に身を置けば、性格も過酷になるのかもしれない。争奪の地となった中央アジアの歴史は容赦ない殺戮《さつりく》の歴史でもあった。

3　「青の都」サマルカンドから正倉院へ

ブハラからバスで4時間半かけ、サマルカンドに着いた。ブハラが日本の奈良なら、サマルカンドは京都だ。中央アジアで最大規模のオアシス都市であり交易の中心地で、文化の交差路としてユネスコの世界遺産に登録されている。

街はその美しさから「青の都」と呼ばれる。

抜けるような青空が広がる下に、鮮やかな青緑《あおみどり》のトルコ石の色をしたモスクのドームが陽

青空の下で古いモスクのドームが輝くレギスタン広場
＝2016年9月、サマルカンドで

光を反射して輝く。井上靖氏はブハラを指して「魂がそこへ吸い込まれていかずにはいられないような青さ」（『遺跡の旅・シルクロード』）と表現したが、ブハラよりもサマルカンドの方が青の趣がいっそう強烈だ。中世アラブの旅行者イブン・ハウカルはこの街を「人間がかつて目にした最も素晴らしい眺め」と表現した。

地元の市民は「地球上にある最も歴史の古い町」だと誇る。サマルカンドを形容する言葉は多い。「聖者の都市」「神と聖者の庭」さらに「東のローマ」というが、これは謙遜だろう。なにせこの町の歴史は古代ローマより古く旧石器時代に遡る。ゾロアスター教の聖典アヴェスタによるとサマルカンドは紀元前10世紀にオアシス都市として発展した。今から2500年前には丘の上に城壁都市がそびえていた。まさに世界最古の都市の1つである。

紀元前4世紀には遠征してきたアレキサンダー大王に最後まで抵抗したため、完全に破壊されて「死の町」となった。ようやく蘇《よみがえ》ったが13世紀にはチンギスハンの軍隊に踏みにじられて再び廃墟となった。復活したのは14世紀だ。中央アジアを席巻したティムール帝国の首都となった。「チンギスハンは破壊し、ティムールは建設した」と言われる。不死鳥のような町だ。

まず訪れたのは8世紀から伝わる伝統工法で紙を作っている紙漉《す》き工房だ。入り口の土間では若い女性が腰かけ、木の枝の茶色い皮をナイフで薄く削いでいた。紙の原料だ。日本のようなコウゾやミツマタではなく桑の木の枝である。切片を水につけて4〜5時間ほどグツグツ煮る。

小川のそばに水車小屋があった。激流がゴボゴボ音を立てて流れる。パミール高原から流れ出るザラフシャン川の支流で、雪解けの清冽《せいれつ》な水だ。乾燥地帯だけに水の音がとても新鮮に聞こえる。水路で水車が回る。水車の心棒から放射状に突き出た棒が工房の杵《きね》を上下させる。臼の中には先ほど見た桑の樹の皮が入っており、杵で8〜9時間つくと煮汁のようになる。

室内で若い職人が紙を漉いていた。できあがった上質の紙の表面には光沢がある。原料が桑だからだ。絹糸を口から吐く蚕が食べるのが桑の葉だ。その樹の皮を使う紙もまた絹のような光沢を発する。このためシルクペーパー（絹の紙）と呼ばれる。色が茶色っぽいのは樹の皮の色のせいだ。日本なら白さが好まれるだろうが「この色の紙ならロウソクの光で字を読んでも目が疲れない」と職人は言う。さらに「今どきの紙は200年しか持たないが、ここで作った紙は2000年持つ」と誇る。

絹の道シルクロードは紙の道でもある。中央アジアの覇権をめぐって東の唐と西のアラブの軍勢が751年に衝突した。「タラス河畔の戦い」という。東西文明が激突した関ヶ原のような戦いだった。タラスは今のカザフスタンとキルギスの国境付近だ。勝ったアラブ側は唐の兵士2万人を捕虜とした。その中に紙漉き職人がいた。

まもなくサマルカンドに紙漉き工房が造られ、中国の製紙技術が西に広まった。聖典コーランが大量に作られイスラム教が普及した。それまではもろいパピルスや高価な羊皮紙だったが、文化の伝達方法は大きく変わった。

4　桑の木が奏でる調べ

タラス河畔の戦いの100年ほど前に『西遊記』の三蔵法師、玄奘がインドへの旅の途上でサマルカンドを訪れた。玄奘は『大唐西域記』に「仏教の寺が2つあったがすでに守る者もいない」と書いたほか、タラスの近くに300余戸の中国人が住んでいると記している。かつて遊牧民族にさらわれてここに住み着いた人々だ。支配者がくるくる変わる中央アジアで、民衆は翻弄《ほんろう》された。

ちなみにタラスの近くに砕葉《スイアブ》という交易都市があった。唐の詩人李白はここで生まれたと言われる。李白は5歳のときに親に連れられて中国に戻った。李白の祖先もまた中央アジアに強制連行されたのではないか、と作家の陳舜臣《ちんしゅんしん》氏が著書『紙の道』で書いている。

サマルカンドの市街地から見上げる巨大な黄土色の土塊がある。アフラシャブの丘だ。古代のサマルカンド市街はここにあった。丘の周囲に城壁を張り巡らした城壁都市だったのが、チンギスハン率いるモンゴル軍によって徹底的に破壊され、以後８００年たつ今も荒れ地のままだ。道路工事がきっかけで壁画が見つかり、発掘された出土品が博物館に展示してある。

王に贈り物を捧げる人たちを描いた壁画には、明らかに中国人の顔や服装をした人が描かれている。専門家によると7世紀の服装だ。日本の奈良時代より前に、中国から中央アジアまではるばる外交使節は行き来していた。

もう1つの壁画は、象を先頭に馬やラクダに乗って贈り物を運ぶ使節団だ。使節の衣服には曲がった2本の角を持つ野羊の模様がある。羊の姿、胴体の三角形の模様、足さばきから尻尾の形まで、正倉院に収められている羊《ひつじ》木《き》臈纈《ろうけち》屏風《びょうぶ》の絵にそっくりだ。元はササン朝ペルシャ、つまり今のイランに起源を持つデザインだと言われる。シルクロードを経てはるばる日本にやってきたのだ。

街中のモスクを訪ねると部屋の1つが民族楽器のギャラリーになっていた。四角い民族帽をかぶりでっぷり太った楽師が、さまざまな楽器を次々に演奏する。まずはウズベキスタンを代表する弦楽器ドゥタールだ。洋ナシの形をした胴体に1メートルもある細長い棹がついている。胴は桑の木で弦は絹だ。まさにシルクロードにふさわしい。ギターと三味線を混ぜたような音色がする。

鉄の爪で弦をはじくタンブールという4弦の楽器は津軽三味線によく似た激しい音色を出した。ルーバーブという5弦の楽器は胴体の上に羊の角のような突起がついている。桑の木に魚の皮を張ったものだ。桑は絹を吐き出す蚕の食べ物となるだけでなく楽器にも活用されている。

街中のモスクの壁には青地に白で唐草模様が描いてある。泊まったホテルのテーブルクロスは金色の唐草模様だった。窓のカーテンはツタの葉が延びる模様だ。正倉院の鏡や法隆寺の瓦などに見られる唐草模様を思い出させた。

第4節　ソ連からの自立

1　なんちゃってイスラム

サマルカンドの町を歩くと不思議な気がする。１４世紀の古いモスクがそそり立ち伝統的な民族衣装を着た年配の女性が歩くかたわらを、モダンな洋装の若い女性が闊歩《かっぽ》する。中世と現代が混在している。

イスラム社会と言えば、身体をすっぽりと布で覆ったアフガニスタンのブルカやスカーフで頭髪を隠したイランのヒジャブなど、女性が身体を隠した姿を連想する。だが、ウズベキスタンは違う。

若い女性は日本や欧米とまったく変わらない洋服姿だ。ノースリーブで腕も脚もあらわにしたピンクや赤の花柄のワンピースを着た女性がごく普通に歩いている。女子学生やＯＬたちは

モスクの前でくつろいでいた一家＝2016年9月、サマルカンドで

体にピッタリした白いブラウスに黒のタイトスカートだ。イスラム原理主義者なら目を剥いて怒るだろう。

一方、年配の女性は伝統衣装や、それを現代的にしたような服が一般的だ。民族衣装は赤や黄色など色鮮やかな色彩で矢絣《やがすり》のような模様が入っている。ゆったりとしたワンピースの下にモンペのようなズボンをはく。日本の埴輪《はにわ》に見られる服に似ている。頭にはスカーフをかぶる。男性は欧米の服装だが、年配の男性は頭に四角い民族帽子をかぶっている。今は近代化の過程なのだろう。

サマルカンド市内には114のモスクがあるという。ロシア正教の教会は5つでカトリック教会は2つ、ユダヤ教会も2つだ。圧倒的にイスラム教徒が多い。国民の8～9割がスンニ派のイスラム教徒だ。でも、ガイドのシュンコルさんは「私のような、なんちゃってイスラムもいますが」と笑う。

アラブのイスラム国家では金曜が休日だが、ウズベキスタンは日曜が休日で金曜は普通の労働日だ。イスラムの教えで禁じられているお酒も飲むし、豊富なブドウからワインを作るのはもちろん、地ビールさえある。厳しい原理主義のイスラム国家から見れば、ウズベキスタンは国全体が「なんちゃってイスラム」に見えるだろう。

街の中にワイナリーがあった。１８６８年の創業で、その４年後にはパリの国際品評会で金賞と銀賞を同時に受賞した老舗だ。店内の博物館にはアフラシャブの丘から出土したワインを貯蔵する陶器が展示してある。

シャンデリアが輝く奥の間の壁は、ブドウ畑を描いた壁画で埋まる。馬車やラクダがブドウを運ぶ。楕円形のテーブルの上には赤ワインから白ワイン、ブランデーまで１２種のワインが入ったグラスが席ごとに並べられていた。試飲用だ。なみなみと注がれ、ふくよかな香りが漂う。

中国の唐の時代の王翰《おうかん》の漢詩に「葡萄の美酒　夜光の杯」で始まる七言絶句がある。西域に赴けば生きて帰れないかもしれない兵士のつらい心をうたった。彼らが飲んでいた葡萄酒はこの系統のものだったのだろう。

夜光の杯にぴったりなイメージのものが正倉院にある。紺瑠璃坏《こんるりのつき》というガラス杯だ。唐の楊貴妃は葡萄酒を瑠璃杯で飲んだと書かれているが、このような葡萄酒をこのようなグラスであおったのかもしれない。

イスラム圏にあり国民の大半がイスラム教徒でありながら、この国ではイスラム教の影響が薄い。筑波大学の准教授でウズベキスタン人のティムール・ダダバエフ氏は「ウズベキスタンでは、宗教は個人的な問題であり集団として選択するものではないと考える世俗主義が深く根づいている」と著書『社会主義後のウズベキスタン』で指摘する。

ソ連時代に宗教が抑圧されたことも響いている。当時は宗教は自由でなく、モスクに行くだけで白い目で見られた。ただ、古くからの神学校はソ連時代も活きていた。今の観光の目玉になっている古いモスクも、1階は神学校で2階が生徒の寄宿舎となっている。

ウズベキスタンとして独立したあと宗教は自由化された。祈りたい人は自由に祈っていい。とはいえ強制してはならないし、無理に布教するのも禁止されている。政府はイスラム国（IS）を認めていない。

ソ連から独立したウズベキスタン政府がまず闘った相手はイスラム原理主義だった。ソ連が崩壊して間もなく、ウズベキスタンをイスラム原理主義の国にしようとする勢力が東部の町で自治区を作った。さらに首都でも爆破事件などテロを起こした。政府は厳しく取り締まったため対立が深まった。

２００４年にはウズベキスタン東部の町アンディジャンで、イスラム国家の樹立を呼びかけた実業家たちが大量に逮捕された。翌年、イスラム原理主義者が武装蜂起して警察や国軍の基地を襲い、武器を奪って市役所を占拠した。政府は反乱を武力で鎮圧した。政府はますますイスラム原理主義派に目を光らせるようになった。このためイスラム教がいっそう市民の生活から遠ざかった。

２　結婚式も自由に参加

民族衣装のファッションショーを見た。伝統音楽のメロディーに乗ってきらびやかでゆったりとした衣装をまとった女性たちが登場した。歩くというより舞っているように見える。日本の雅楽を思い出した。

天平勝宝《てんぴょうしょうほう》４（７５２）年に東大寺で行われた大仏開眼の供養以来、今も宮中などで演奏されるのが雅楽だ。現代の黒田節にもつながる「越天楽《えてんらく》」などの曲に合わせて仮面をつけて舞う。高い鼻と顎鬚《あごひげ》を持つ「酔胡王《すいこおう》」の面は酒に酔ったソグド人を表わすが、今、目の前でソグド人の末裔《まつえい》が舞う。

サマルカンドの街を夜に歩いていると、けたたましい音楽が聞こえてきた。結婚式だ。野外劇場を借り切り、舞台の上で楽団が民族楽器を使ってにぎやかに演奏している。その前で新郎と新婦が手を取って踊る。花嫁は真っ白なウエディング・ドレスで、花婿は青いスーツ姿だ。彼らを取り囲むようにテーブルが並び、300人ほどが座ってごちそうを食べている。親戚だけでなく、だれでも自由に入っていいというので、私も舞台のそばまで行って見物した。見知らぬ外国人なのに歓迎してくれる。

何かにつけ、社会はきわめて開放的だ。カザフスタンと違って、市場で写真を撮っても文句を言われない。人々は笑顔で接してくれる。居心地がいい。街はきわめて治安が良く、電灯が少なく真っ暗な中でも女性が独り歩きしている。

日本政府が発行した「安全の手引き」にはテロ対策や緊急脱出の方法まで書いてあったが、実際には子どもたちが笑いながら登下校し、バザールは買い物かごを持った主婦でにぎわう。どこが危険なのか首をかしげる。「危ない国」と聞いていたが、危ないという実感がまったくない。10年以上前にテロが起きたあとはきちんと対処しているように見える。

子どもたちは白いシャツにネクタイをした制服を着て学校に通っている。女の子は頭にリボンをつけている。教育は4年制の小学校から5年制の中学校さらに3年制の高校までの12年間が義務教育だ。この間、給食費以外はすべて無料だ。大学への進学率は7～8割と高い。国家予算の4割を教育に充てていると言う。おまけに医療も無料だ。聞いていたよりはるかにいい国のように思える。

もっとも、女性の社会進出は遅れている。できれば女性は外で働かせない方がいいという考えが常識のようだ。男性が財布を取り仕切り、買い物にも男性が行く家庭が多いという。つまり女性は家から出るな、ということだ。その根底には、家族のリーダーは男の家長1人だけで充分であり、リーダーが2人いるともたないという考えがあるという。それが国家の政治の舞台でも「独裁者」を生む土壌につながっているようだ。

3 「独裁者」の実像

サマルカンドの北東の丘は市民墓地だ。崖の上に木造のテラスを持つモスクが立つ。急死したイスラム・カリモフ大統領がここに埋葬されている。追悼に訪れる市民がモスクに通じる坂道をぞろぞろと上っている。私もついて行った。

モスクの庭に1メートル四方もある大統領の遺影が置かれ、周囲を白いバラの花が取り囲む。周辺を兵士が警備している。正面にはイスラム教の僧3人が座り、祈りの準備中だ。遺影の脇にイスが30脚ほど置かれ、参列する市民が次々に腰かけた。私も座った。

とたんに祈りが始まった。導師が甲高い声で祈りの言葉を唱える。周りの人々はうつむいた姿勢で両手を肩の高さまで上げている。5分ほどの祈りが終わるとみんな両手で顔をなでた。本葬は4日前に行われたが、その後も追悼する人々のために祈りの機会がもたれているのだ。

1991年にソ連が崩壊してウズベキスタン共和国が独立したが、カリモフ大統領はその前の社会主義共和国時代から大統領だった。政敵を容赦なく粛清したため野党の指導者たちは亡命を強いられたり行方不明になったりしたと言われる。強権体制を維持するため治安当局が市民に目を光らせているとも言われた。

だが、現地に行くと別の面が見られた。日本で得た資料では「樹の数より警官が多い」と書いてあったが、警官の姿など探さないと見つからない。聞いていた話と違う。地元紙ザラフシャン・ガゼッタのベテラン記者ナビエフ・ナキブさんにこの国の実情を聴いた。

彼がまず強調したのは「わが国は多民族国家であって、ウズベク人は東洋人でもある」ことだ。そこから「確かなリーダーが1人いれば従うという東洋的な民族性がある」と言う。さらに「近くのアフガニスタンやキルギスなどと違って、ウズベキスタンでは戦争がなく平和に暮らせてきた」と誇った。

ソ連時代、モスクワの中央政府はウズベキスタンに綿花栽培のモノカルチャー経済を押し付けた。産品はそのままモスクワに運ばれた。「ところがある日、突然に独立が決まった。私たちは国際レベルのやり方を知らなくて途方にくれた。そこに翌年、トルコや韓国の企業が入り込んで『ぶったくりの経済』をした。カリモフ大統領は日本やシンガポールの経済成長に学び、1996年には自国に合う経済発展のためのウズベク・モデルを導き出した」と話す。

街を走る車はシボレーのマークをつけたものが多い。すべて国産だ。政府はいち早く進出した韓国の大宇《だいう》との合弁で自動車生産を始めたが、大宇がGMの傘下に入るとGMウズベキスタンとしてシボレーのブランドで車を生産するようになった。この国は中央アジアで唯一の自動車生産国だ。自動車ばかりか電子機器や伝統的な綿花も輸出している。「2000年代に入ってようやく未来が見えてきた」とナキブさんは話す。

ここ5~6年、国内総生産は毎年7~8%の高い水準で成長している。このため生活水準も急速に上がった。子どもを安心して産むことができるようになった。1988年に1600万人だった人口は倍の3200万人に増えた。貧困層が中流に上がり、今は国民の8割が中流だ。大金持ちはいないが極端に貧しい人もいない。かつて自家用車は10所帯に1台だったが、今は各家庭に1~2台ある。

「鉄道建設で中国はすべてのプロジェクトを仕切ろうとした。我々は手におえないトンネルは彼らに任せたが、レールの敷設など自分でできることは我々自身の手でやった」とナキブさん。

ソ連時代は仕事をしてもしなくても同じ給料だったし、労働者は上から言われたことをこなすだけだった。今は仕事をよくした者はそれだけ給料を多くもらえるので自発的に仕事をする。自分たちで自分の生き方を決められる。つまり国民も国家も自立したのだ。

そこにガイドのシュンコルさんがスマホを操作して画面を見せた。ソ連時代と今と比べてどちらが良いか、旧ソ連諸国の国民に世論調査した結果が国別にグラフになっている。調査をしたのはロシアのメディア「スプートニク」だ。それによると「今よりもソ連時代の方が良かった」と思っている人はウズベキスタンでは4％しかいない。

旧ソ連諸国を見ると、ウズベキスタン以外のすべての国では過半数が「ソ連時代の方が良かった」と答えている。カザフスタンでは61％もある。つまり大半の国の国民がソ連からの独立を後悔している中で、独立して良かったと評価しているのはウズベキスタンだけなのだ。独立後の小国の経済運営の難しさを示すとともに、その困難を乗り越えて唯一ウズベキスタンだけは成功したことを物語る。

この過程で「我々の子どもは我々よりも強く賢く育たなくてはならない」をスローガンに自立を主導したのが経済学者出身のカリモフ大統領だった。

カリモフ氏が独裁者と呼ばれることをどう思うか、私は単刀直入に聞いた。ナキブ氏は少し困った顔をしたあと「たしかに政治の姿勢は厳しかった。しかし、イラクやシリアなどと比べてきちんと治まっているのを見ると、それが良かったと評価している。国民は彼を独裁者とは思っていない。国民の86〜90％が支持した」と語る。

どうやらカリモフ氏はシンガポールのリー・クアンユー氏のような存在らしい。「社会主義」体制の指導者というより途上国にありがちな開発独裁に近い。「最も残酷な独裁者」と呼ばれるのはウズベキスタン国民にとって心外なようだ。

独裁者と呼ばれる理由についてナキブ氏はアメリカ陰謀説を語った。アフガン戦争のため政府は米軍に基地を提供したが、米国はカリモフ政権が反対派を弾圧していると批判した。2005年に起きたテロ事件の影で米国が糸を引いたのではないかとウズベキスタン政府は疑った。このため米軍基地を追い出すと、米国はカリモフ氏を「独裁者」と攻撃するようになったという。

とはいえ民主主義が遅れているのも事実だ。新聞に検閲はないのかとただすと、ナキブさんは「検閲制度はない」という。だが、その口調からどうやら新聞社の内部で自主規制しているようだ。政党は4つあるが政府に協力しており、すべて与党系だ。民主主義が育つにはかなり時間がかかりそうだ。

ところで、大統領の死因はなんだろうか。ガイドのシュンコルさんによるとブラジルのリオデジャネイロで開かれたオリンピックが原因だという。ウズベキスタンの選手たちはかつてない成果を挙げた。獲得したメダルの数は世界で21位だ。旧ソ連諸国ではロシアの次であり、中央アジアではもちろん1番である。ボクシングは金メダルだった。喜びのあまり大統領の血圧が250まで上がり脳出血したのだという。

享年78。人生の3分の1を国家のトップとして過ごし、国民の大半の支持を得る成功をおさめ、喜びの絶頂で死んだのだから本望だろう。ただし、唯一のリーダーを突然に失った国はどうなるのだろうか。

第5節　日本人とシルクロード

1　世界最古の血染めの聖典

サマルカンドからバスで首都タシケントを目指した。沿道にはポプラの並木が目立つが、桑の樹も多い。蚕を飼う農家がかなりあるという。白い綿がびっしりとついた綿花の畑を過ぎるとリンゴの果樹園だ。樹がきれいにそろって植えてある。運河を通して水を引き、砂漠を畑に変えている。食糧の自給率がほぼ100%だというのもうなずける。かなり勤勉な国民性のように見える。

途中、「水が豊富な大河」を意味するシルダリヤを渡った。もう一つ、ウズベキスタンの南側の国境を流れるのがアムダリヤで、こちらは「浮気な大河」という意味だ。土砂のため河床が埋まって流れがしょっちゅう変わるからである。

この2つの河はともにアラル海に注ぐ。ところが綿花の栽培に使おうと河から大量の水を引いたためアラル海に注ぐ水が減り、今やアラル海はかつての5分の1ほどに縮まった。20世紀最大の環境破壊と言われる。自然環境を考えずに経済発展に突き進んだ結果だ。

ソ連時代からの制度で、この国の土地は民間ではなく国のものだ。市民が畑を耕したり家を建てたりするには国から土地を借りることになる。財産の相続は昔の日本のように長男が継ぐのでなく末子相続だ。遊牧民に伝統的な相続の仕方だ。

バスで首都まで5時間かかる。きれいな舗装道路なので乗り心地はいい。日本語が堪能なガイドのシュンコルさんに日本とのかかわりを聞いた。

シュンコルさんが日本語に接したのは大学時代だ。経済学部の生徒だったとき外国語の選択で日本語を選んだ。映画「将軍」を見て畳や家の造りなど不思議な世界に魅かれたからだ。日本の外務省が主催した日本語弁論大会に参加するため日本を訪れ、「ヒューマニティと平和」をテーマに発表した。日本が気に入り大阪の大学院で日本語を学び、日本の企業に就職して営業のサラリーマンをした。

身の上話を聞いているうちに首都に到着した。街路灯に黒いリボンがなびいている。亡くなった大統領への喪章だ。街の中心部には、この地を首都に壮大な帝国を創立した英雄ティムールの騎馬像が立つ。街のあちこちに彼を描いた看板が並ぶ。

世界一古いコーランを陳列しているコーラン図書館を訪れた。広げると見開きで幅1メートルを超え、厚さが20センチほどもある分厚い本がガラスケースの中に飾ってあった。338ページもある。鹿の皮に墨で文字を書いたものだ。

コーランはそれまで口伝えだったが、間違えて伝わるのを危惧したイスラム教の指導者カリフが7世紀に手書きで6冊のコーランを作らせた。うち4冊が残るが、完璧な姿を留めるのはこの1冊だけだ。ティムールが14世紀にシリアのダマスカスからここに持ってきたという。その一部は血で染まっている。カリフがこれを読んでいたとき刺客に短刀で襲われたのだ。このため「血染めの聖典」と呼ばれる。

荘厳な造りの歴史博物館を訪れた。展示の目玉はガンダーラ仏だ。紀元1~3世紀のクシャン朝のもので、高さ75センチの白い石の彫刻である。仏陀が座禅を組む姿を両わきから2人の僧が見守る。その発掘や研究に貢献したのが民族・考古学者の加藤九祚《きゅうぞう》氏だ。

2 シベリア抑留の日本兵が建てた劇場

加藤九祚氏がシルクロードを研究するきっかけとなったのは戦後、日本兵としてシベリアに抑留されたことだった。シベリア抑留が日本とウズベキスタンをつなぐことになった建物がタシケントの中心部にある。ナヴォイー劇場というオペラ・バレエ劇場だ。1947年に完成したこの劇場は、シベリアからここに移送された日本兵によって完成した。

噴水がある広場を前に、いかめしいレンガ造りの建物が立つ。1500人収容の立派な劇場だ。切符売り場にはこの日の演目が書いてあった。チャイコフスキーの「白鳥の湖」とビゼーの「ラ・トラビアータ」。入場料は日本円で1000円だ。平均月収が4万~5万円のこの国の市民にとってはかなりの高額だ。

建物の壁にプレートがはめ込んであった。ウズベク語と日本語と英語で同じ内容が浮き彫りされている。日本語の部分には「1945年から1946年にかけて極東から強制移送された数百名の日本国民が、このアリシェル・ナヴォイー名称劇場の建設に参加し、その完成に貢献した。」とある。名称劇場という記述に首をかしげたが、英文を読むとアリシェル・ナヴォイーという詩人の名から劇場名が付けられたことがわかる。

シベリアに抑留された日本兵のうち約500人が、この劇場の建設に動員された。外壁のレンガ積みや左官、電気工事、内装もしたという。日本兵が行ったのは仕上げ作業だけだったとも言われる。1966年の大地震でタシケントの多くの建物が壊れたときもこの劇場はほぼ無傷だった。このため、さすが日本人が建てたものだと評判になった。

工事中に亡くなった日本兵もいる。郊外のヤッカサライ墓地を訪ねると一角に日本人専用の墓地があり、79人もの日本兵が土葬されていた。縦1メートル、幅60センチの四角いコンクリート板に「京都　砂野浩」「青森　小川渉」など出身県と姓名が彫られている。

墓地の石碑によると、シベリア抑留の日本兵のうち2万6000人がウズベキスタンに連れて来られたという。劇場で働かされた人々はほんの一部だったのだ。首都だけでなくウズベキスタン各地に送られ、ダム建設などに駆り出された。墓地の周囲を取り巻く石の壁には、ウズベキスタンのどの町で何人の日本兵が死んだと書かれている。死者の総数は800人を超す。戦闘を生きのびながら日本に帰れず命を落とした人はさぞ無念だったろう。

墓地には石碑が2つ立つ。「永遠の平和と友好の誓いの碑」は1995年に、「永遠の平和と友好と不戦の誓いの碑」は1990年の日付だ。いずれも福島県の方が中心になって建立された。

日本人墓地を守るホズィロフさん＝2016年9月、タシケントで

親子3代にわたって日本人墓地を守っている墓守がいた。今の墓守はホズィロフ・ホラムさん。おじいさんのホズィロタさんが日本兵を埋葬し、そのあとは父親のムロドフさんが、さらに跡を継いで孫が墓の清掃や管理をしている。ありがたいことだ。

3　京都の瑠璃、イスラム過激派のテロ

考古学の発掘調査をした加藤氏は、私がウズベキスタンを訪れたときも94歳の高齢を押して仏教遺跡の発掘調査に来ていた。そのさなかに倒れ、私が日本に帰国した2日後に亡くなった。南部のテルメズの病院で死去したという。

テルメズはウズベキスタン歴史博物館の最大の見ものであるクシャン朝時代の仏像を、加藤

氏自身が掘り出した場所だ。死の間際まで執念を抱いて発掘に立ちあおうとしたのだ。加藤氏は65歳で考古学を始め、亡くなるまで約30年にわたってシルクロードと取り組んだ。

刺激の密度が濃いシルクロードの旅からの帰国後、奈良国立博物館で第68回の正倉院展が開かれ、収蔵品のうち64件の宝物が公開された。法隆寺に立ち寄ると、瓦には唐草模様が刻まれている。さらに紅葉で名高い京都の光明寺《こうみようじ》・瑠璃光院《るりこういん》を訪れると濃紺に光る大きな瑠璃石が飾ってあった。アフガニスタン産のラピスラズリだ。瑠璃はラピスラズリのサンスクリット語を漢訳した吠瑠璃《べいるり》を略した言葉である。

仏像を安置した間には「シルクロード巡礼の旅　鳩摩羅什《くまらじゆう》三蔵法師1600年」の文字の下に写真が並んでいた。鳩摩羅什三蔵法師とはシルクロードのオアシス国家だったクチャ（亀《き》茲《じ》）の出身でインドから中国に仏教を伝えた高僧である。膨大な経典をインドの言葉から中国語に翻訳した。「色即是空、空即是色」で名高い般若心経もその1つだ。三蔵法師といえば『西遊記』のモデルとなった玄奘が名高いが、経文を訳した僧はみんな三蔵法師と呼ばれる。

鳩摩羅什が亡くなって1600年たったのを機に、光明寺の住職らが鳩摩羅什の足跡をたどってシルクロード巡礼の旅に出たときの写真だ。クチャから敦煌を経てかつての長安である西安まで3000キロを旅したという。

さて、独裁者と言われたカリモフ大統領が死んだあとのウズベキスタンはどうなったのだろうか。

後継者を決める大統領選挙は２０１６年１２月に行われた。得票率８９％の圧倒的な支持で当選したのは大統領代行を務めていたミルジヨエフ氏だ。カリモフ路線の継承を表明した。

ウズベキスタンを巡るニュースは２０１７年の早々、世界を揺るがした。１月１日にトルコのイスタンブールの高級ナイトクラブで乱射事件が起き３９人が殺された。イスラム国（ＩＳ）が犯行声明を出したが、テロの実行犯がウズベク人だった。カリモフ氏が大統領だったときイスラム原理主義者を力で押さえつけたが、ウズベキスタン東部のフェルガナ盆地はなお旧ソ連諸国のイスラム復興運動の中心地だ。熱心なイスラム教徒が多く、ＩＳに共鳴する過激派もいる。

２０１６年８月に隣国キルギスの首都ビシケクの中国大使館を狙った自爆テロ事件の容疑者も、フェルガナ出身のウズベク人だった。ウズベキスタンは今後も悪夢に悩まされそうである。

シルクロードの全体を見ると今、中国が「一帯一路」の建設を掲げる。「一帯」はかつてのシルクロードのステップ路とオアシス路であり、「一路」は南海路だ。旧シルクロードに沿った国々を巻き込み、中国を中心とした世界経済圏の構築を目指そうとするものだ。

歴史は生きている。

第四章
闘うクジャク——ミャンマーは今

世界３大仏教遺跡の街の壁画

第1節　閉ざされた国へ

1　閉鎖社会からの開放

ミャンマーに行くことにした。この国は身近な東南アジアにありながら長い間、状況がほとんど伝わってこなかった。黄金のパゴダ（仏塔）がそびえる仏教国で、スーチーさんら市民が民主化を求めて軍事政権と闘っていることがわずかに知られてきただけだ。

あとはずっと昔にさかのぼって、戦時中に無能な指揮官の下で日本軍の兵士多数が餓死したインパール作戦や、戦争中の日本兵を描いた竹山道雄の小説『ビルマの竪琴《たてごと》』くらいである。麻薬が作られる「黄金の三角地帯」も名前としては名高いが、一般人が観光に訪れるような場所ではなく、そもそも秘密めいている。

知られないのには理由がある。この国はつい最近まで、閉ざされた国だった。軍事独裁政権は半世紀以上も続いて外国人の入国を厳しく制限した。だからこの国で何が起きているのか、ほとんど知られなかった。

それが変化したのは1988年だ。民主化を求めて人々がゼネストをした。そのときに彗星《すいせい》のように躍り出たのがスーチーさんだ。

当時、私は朝日新聞が発刊したばかりの週刊誌『AERA』の記者で、この国の軍事独裁政治について「ワイロ、秘密警察、強権　見放された狂気の政治」と題した記事を書いた。軍事政権は記者の入国を認めなかったので現地には入れない。東京から首都の市民に国際電話をかけて取材した。

「国民の90%が体制の打倒を叫んでいます」「警官は市民から袋だたきに遭うのを恐れて街角に姿を見せません」「市民は地域ごとに自警団を組織し、バリケードを築いています。民主化熱は盛り上がる一方です」という言葉が返ってきた。

話している途中に突然、話が途切れ、ブーという警告音が10秒ごとに入った。再びつながると電話の相手は「秘密警察が盗聴しているのです」という。相手を気遣って「答えられる範囲で答えてください」と言うと、「いいえ、構いません」と軍政の非道さ、不公正な社会の告発を続けた。独裁権力が崩壊しつつあることを市民は肌で感じ取っていたのだ。

同僚の記者はスーチーさんに電話でインタビューした。スーチーさんは「理想的な国を実現するために人々が私を国家の指導者にと望むなら、私はその要望を受け入れます」と明確に語った。そのうえで「今の政権は平気で人殺しをしています。その政権が生き延びているのは外国、とくに日本が経済援助しているからです。日本はなぜ非人道的な政府を支持するのですか」と、きつく問いかけた。

このときの民主化運動は軍部に圧殺された。それでも強権政治をやめさせようとする国民の民主化行動は止まず、ついに国民の意思が勝った。2015年の総選挙でスーチーさんが率いる党が圧勝したのだ。2016年3月にはスーチーさんの側近が大統領に就任し、ようやく民主主義の新政権が発足した。まさにそのとき、私はこの国を訪れて軍政から民主主義の国に生まれ変わる姿を見ようと思った。

民主化への道は遠くつらかった。それでもスーチーさんら市民は耐えた。ようやく勝ち取った民主主義を、国民はどんな思いで受け止めているのだろうか。興味津々の思いで2016年3月下旬、成田空港を出発した。全日空の直行便で7時間10分。ヤンゴンの国際空港に到着した。

2 「ビルマ式社会主義」

飛行機の中で、ミャンマーの戦後の流れを復習した。

この国は1948年に英国から独立したあと穏健な社会主義政権が生まれた。しかし、共産党の武装蜂起、少数民族の反乱、さらには中国の国民党軍が侵入して内戦状態になった。ひどい混乱の中、1962年にクーデターを起こして実権を握ったのがネウィン大将だ。議会制民主主義を否定し「ビルマ式社会主義」という特異な政治体制を敷いた。社会主義を看板に掲げた軍事独裁で、今の北朝鮮に似ている。

メディアはすべて検閲する極端な軍事管理体制だ。外国資本を排除して国有化を進め、ほとんどすべての企業が国のものとなった。経営に無知な退役軍人が国営公社の社長に天下りし、勝手な命令を出した。このため経済は混乱し、かつて「東南アジアで最も富んだ国」と言われたのが最貧国に落ちた。

ネウィンは自分にとって代わりそうな高級将校2000人を辞めさせ、ナンバー2になりそうな人物を次々に失脚させた。政府に逆らう市民は投獄した。反発した学生が学生会館に立てこもると、会館ごと爆破して数十人を虐殺した。破壊活動防止法を制定して静かなデモをした学生でも死刑にした。

こうして自由にものが言えない独裁国家ができあがった。国外に亡命した人は10万人にのぼる。鎖国状態となり、半世紀にわたって世界から取り残された。

軍人たちは国の名前も変えた。ミャンマーの公式な英語名はずっとバーマ（Burma）で、オランダ語ではBirmaと表記した。日本では明治の初めからオランダ語をもとにビルマと呼んできた。ところが軍政は1989年に突然、国名をミャンマーにした。首都のラングーンもヤンゴンと変えた。さらに2006年には首都を内陸の軍用地ネピドーに遷《うつ》した。

ビルマもミャンマーも、ラングーンもヤンゴンも、元は同じ言葉である。昔からあらたまった文書では国名をミャンマーと呼び、普通に話すときの口語ではバマー（ビルマ）と呼んでいた。いわば日本をニホンと呼ぶかニッポンと呼ぶか、というほどの違いにすぎない。英国から独立する前年にできた憲法は国名をミャンマー連邦と明記している。しかし、一般的にはビルマの名で呼ばれてきた。

1988年に起きた大規模な民主化運動のさい、国軍はクーデターを起こして独裁者のネウィンを退陣させた。暫定政権が対外的な呼び方を口語調のビルマから公式的なミャンマーに変えたのだ。威厳を持たせるためだろう。

さらに当時の首都ラングーン（Rangoon）の呼び方は英国の植民地だった時代の表記だから

よくないと、現地の発音に近いヤンゴン（Yangon）に変えた。こちらは民族主義の表れだ。民主主義を求める人々は軍部が勝手に名を変えたことに反発し、今も国名をビルマと呼んでいる。

民主化の運動の先頭に立ったスーチーさんは、正確にはアウンサンスーチーという。これすべてが一人の名前である。一語一語に意味があり、アウン（勝利）サン（稀な）スー（集める）チー（澄んだ）を指す。ミャンマーでは人の名に苗字がなく名前だけだ。最初のアウンサンは父親の名前だ。この国を英国から独立に導いた偉大な英雄とされる父の名を取り入れたのだ。ふだんは下半分のスーチーだけで呼ばれる。

彼女が歴史の舞台に登場したのが、まさに1988年の民主化行動だった。同じ年に韓国が軍事独裁から民主化し、その2年前にはフィリピンで独裁政権を打倒する市民革命が起きた。こうした動きに触発されてこの年の8月8日、民主化を求める学生を支える形で国民がゼネストを起こした。強権支配に対する最初の大きな反発だった。

スーチーさんはそれまで政治的には無名だった。若いころは英国のオックスフォード大学で哲学や政治学を学び、英国のチベット学者と結婚して英国に住んでいた。たまたま危篤に陥った母親の看病のためにミャンマーに帰国したところ民主化運動に直面し、50万人の前で演説した。凛とした姿勢、端正な顔と豊富な知識、民主主義への強い意志、そして民族の英雄アウンサンの娘という魅力的な資質をあわせ持つことから一躍、民主化の象徴となり、市民の政党として発足した国民民主連盟（ＮＬＤ）の書記長に就任した。

それから２年後の１９９０年の総選挙でスーチーさんが率いるＮＬＤは圧勝した。ところが軍政は選挙結果を反故《ほご》にしてスーチーさんを自宅に軟禁し、反政府派の市民を逮捕、抑圧した。これに対して国際社会はスーチーさんを応援し、１９９１年には彼女にノーベル平和賞が与えられた。

２００７年には僧侶など１０万人が民主化を求めてデモをした。黄色い袈裟の色からサフラン革命と呼ばれる。警察は力ずくで弾圧した。日本の写真家、長井健司《けんじ》さんが警官に射殺されたのはこのときだ。２００８年には軍政下で新憲法が承認され、２０１０年には２０年ぶりの総選挙が行われた。ＮＬＤは選挙をボイコットしたため、軍政の翼賛政党が勝った。

民主化を求める内外の声に抗しきれず軍政が民政に移管したのは２０１１年だ。軍人のテインセインが大統領になった。２０１５年にはあらためて総選挙が行われ、こんどはＮＬＤが圧勝した。軍政の嫌がらせでスーチーさんは大統領になれなかったが、側近のティンチョー氏が２０１６年３月に大統領に就任した。

１９６２年のクーデターのさいに閉ざされた国の扉は、５４年ぶりに開かれた。

第2節　異世界

1　インドと中国の間で

空港で出迎えてくれた通訳の男性はタンダインソーさんだ。タンは鉄、ダインは判、ソーは治を指すというから、鉄判治さんだ。親が占い師に頼んでつけてもらった名前だという。あいさつ言葉を教えてくれた。「ミンガラバーです。朝も昼も夜もこれだけでOK」と言う。ミンガラは幸せを表わし、バーは「です」の意味だ。つまりお互いに幸せになりますように、と言い合うのだ。素敵なあいさつ言葉だ。

ミャンマーの国名の由来も教えてくれた。ミャンは「速い」、マーは「強い」を表わすという。戦争のさいに速くて強いことから来ており、ミャンマー人の祖先が騎馬民族であることを表わしている。ヤンゴンのヤンは「戦い」で、ゴンは「終わり」だ。全土を統一して戦いが終わった象徴としてこの名をつけたという。

タンさんはスカートのようなものをはいている。ロンジーという民族衣装だ。筒状の一枚布を腰の部分で折りたたむ巻きスカートである。男性も女性もロンジーをはくのだが、はき方が男女で違う。男性は布の端を体の前でたくし込むのだが、そのさいに端の部分が団子状に外に出る。女性は布の線に沿ってきれいに折りたたむ。

ただ巻きつけるだけで、留め金などはない。ほどけることはないのかと問うと、タンさんは「あります。そのときは大変です」と笑った。慣れると簡単で、走ってもほどけなくなるという。

ロンジーの元はインドの巻きスカートだと言われる。こちらはロングスカートだが、ミャンマーにやってくると丈が短くなった。また、ミャンマーの上衣は中国の衣装の影響が強い。ミャンマーは地勢的にインドと中国の中間にある。文化も両方から等分に影響を受けたのだ。

男性は正装をするときに頭にターバンを巻く。これもインドから伝わってきた。丸まった虫のように見えるミャンマー語の文字も、南インドに起源がある。

ミャンマーには雨季と乾季がある。雨季は5月下旬から10月中旬まで、乾季は10月下旬から2月までだ。その間の3月から5月中旬までを特別に暑期と呼ぶ。1年で最も暑い盛りだ。ヤンゴンの昼過ぎの街角の気温は41度だった。乾いているのでそれほど蒸し暑くは感じないが、日差しは強烈だ。市場では売り子の女性が店番も忘れてぐったりと横たわり昼寝をしている。

下町の市役所前、市中心部の交差点の真ん中に金色のパゴダがそびえる。強烈な日差しを受けて眩《まぶ》しく輝くスーレーパゴダだ。周囲には時計屋や雑貨屋など日用品の小さな店が並ぶ。目の前を走るバスには「長野200か46」と登録番号が刻印してあった。日本から中古車を輸入して、市民の足として利用しているのだ。子どもが絵葉書を手に持って売り歩く。

市役所前では「水かけ祭り」のための観覧席を設営している。4月半ばは晴れやかな旧正月だ。1年で最もにぎわう。街を通る人々にはだれでも水をかけ、前年のけがれを水で清めて新たな年を迎えようとする。2016年の旧正月はただの新年ではなく、歴史的な民主化の時代を迎える喜びも加わった。

下町の北側に黄金に輝くひときわ大きいパゴダがそびえる。この国で最大の仏塔、シュエダゴン・パゴダだ。スーチーさんはこのパゴダの前で1988年、50万人の市民に演説をした。

エレベーターで昇ったところが入り口だった。靴と靴下を脱いで裸足になる。あたりは脱ぎ捨てられた靴だらけだ。靴箱はないが、盗む人はいないという。

建物の外に出ると、目の前に高さ99メートルのパゴダがそびえていた。その形は僧衣を広げた仏陀の姿を表現している。８６８８枚の金箔が貼られており、ときどき金箔がはがれて風に飛ぶ。見つけた人はすぐに届け、けっしてネコババされることはないのだそうだ。塔のてっぺんには７６カラットのダイヤモンドをはじめ、ルビーやヒスイなどの宝石がちりばめられている。

パゴダの周りは石畳の回廊になっている。歩いて1周した。周囲は４００メートルを超すというから、陸上競技場のトラックより長い距離だ。平日の夕方なのにここかしこ、おびただしい人々が石畳に座り両手を合わせて祈っている。身を投げ出して全身で祈る人もいる。真剣なまなざし、信仰心のあつさは日本人の比ではない。

時計回りに回るよう決められているから、流れに逆らわなければすんなりと進める。とはいえ前も後ろも参詣の人だらけだ。ラッシュアワーのような人波である。連れがいても、よそ見をしていればすぐにはぐれてしまう。

巨大なパゴダの周囲に小さなパゴダがいくつもある。東西南北の面に大きな仏像がある。その1体が私たちの知っているお釈迦様だ。悟りを開いた人を仏陀《ぶつだ》というが、仏陀はお釈迦様を含めて4人いたのだそうだ。さらに5人目がやがて現れると期待されており、人々は5人目に会いたくて長生きを願うという。お釈迦様が5人もいるとは……お釈迦様でも知りっこない、などと軽口をたたくような雰囲気ではない。みんな真剣だ。

シュエダゴン・パゴダに向かって祈る人々
＝2016年3月、ヤンゴンで

2　戒律だらけの仏教

この国の仏教は日本の仏教とはかなり違う。

釈迦が亡くなったときに仏教をめぐる考え方の対立が起き、教団は分裂した。釈迦に近い上座に座った保守的な長老たちは戒律を重視し、祈った者だけが悟りの境地に到達すると考えた。上座の人々の考えなので上座部仏教という。インドからスリランカさらに海を通ってミャンマー、カンボジアなどに伝わった。

これに対して末席に座っていた進歩的な若者たちは、広く大衆を救うことこそ大事だと考え、祈るだけでなく社会での実践を重んじた。多くの人を乗せる乗り物にたとえて大乗仏教という。インドから中国、韓国を経て日本に伝来した。大乗仏教の反対語としてよく小乗仏教というが、これは大乗仏教の側が上座部仏教を批判する用語なのであえて使うべきではない。

上座部仏教が一般的なミャンマーでは、一般市民でさえ殺生、盗み、邪淫、嘘、飲酒をしないという五戒を守ることになっている。この国の男性は人生で少なくとも一度は得度《とくど》して僧侶になる。12～13歳になって頭を剃り沙弥《しゃみ》と言われる見習い僧になると十戒を守る。先の五戒に加えて香水や装飾をつけず歌や音楽の鑑賞をせず豪華な寝具には寝ないしおカネや宝石などを持たないと誓うのだ。

これを知って苦笑した。竹山道雄の小説『ビルマの竪琴』を思い出したからだ。第2次大戦中のミャンマーで捕虜となった日本兵の部隊を描いているが、兵士の一人が僧侶となって竪琴を持ち歩く。それが題名にもなっており、何度も映画化された。竪琴は湾曲し装飾がついている独特の形だ。僧侶と竪琴の組み合わせが物珍しく、強く印象づけられた。

しかし、ミャンマーの戒律に従えば僧侶が楽器に近づくことはなく、まして自分で竪琴を手にすることなどありえない。また、この小説では僧侶となった元日本兵が戦死した仲間の遺骨を集めるが、上座部仏教では人間が死んで魂が離れたあとの遺骸は単なる抜け殻と解釈される。骨はいわばゴミ扱いで、骨を拾うという発想がない。一般の家では、墓も仏壇もない。『ビルマの竪琴』が書かれたのは戦後間もない時期なので竹山道雄が誤解したのも無理はない。だが、宗教に敏感なミャンマーの人々は自分たちの宗教がきちんと理解されていないことを残念に感じている。

僧侶の生活はもっぱら祈りが中心だ。朝は托鉢《たくはつ》をする。鉢《はち》を手に庶民の家を20軒から40軒ほどまわるのだ。人々は食べ物を用意して僧侶が来るのを待ち受ける。僧侶の鉢に食べ物を入れると功徳を施したことになり、死んだあと極楽に行けると信じているから喜んで僧侶を迎える。鉢に入れる食べ物は米の飯や野菜が主だが、肉や魚や卵もある。入れてもらったものは何でも、僧侶は残さず食べなければならない。これがけっこう大変なようだ。僧侶は、正午以降は何も口にできないので、午前中に思いきりおなかに詰め込む。出家するのも楽ではない。

本格的な僧侶となると、守るべき戒律は227もある。生半可な気持ちでは出家できない。早朝の街を歩くと、えんじ色の袈裟を身につけた僧侶が黒い鉢を抱え一列に並んで托鉢しながら歩くのを見かけるが、鉢に食べ物を入れて拝む市民の表情は仏様を拝むような目をしている。

第3節　民主化への期待と火種

1　ひそかに期待する市民

スーチーさんが幼いころを過ごした家を訪ねた。父親のアウンサン将軍の居宅だ。日本大使館やドイツ大使館がある高台に、植民地時代の建築様式をした2階建ての邸宅が立つ。庭で畑を耕している銅像は、当時のアウンサンの姿だ。将軍になってからも休日には畑仕事をした。

2階の子ども部屋には2歳だったスーチーさんが寝たベッドが置いてある。

1階のダイニングキッチンのテーブルには「もう少し煮豆が食べたいのだが……」と書いた紙があった。アウンサンの自筆だ。客と食事している最中に声に出して言えず、こっそり書いて妻にお願いしたのだという。

ちなみにミャンマーの女性の強さには定評がある。男女の社会的差別があまりなく、教育、職業や賃金、相続などでは他の国よりも男女平等が貫かれているといわれる。スーチーさんが指導者として認められた背景にも、このような風土がありそうだ。

客間にはインドのネルー首相からもらったコートが飾ってある。英国に行く途中でインドに寄ると、「そんな恰好《かっこう》で英国に行くと寒いぞ」と、ネルーは自分のコートをアウンサンに贈った。

ガラスケースの中にはアウンサンの伝記が並ぶ。彼は学生時代に英国からの独立を目指して「我らビルマ人連盟」を結成した。この国の主人（タキン）は我々だと主張し、お互いの名前にタキンをつけて呼んだことからタキン党と呼ばれる。さらに独立義勇軍を結成し、第2次大戦中には日本軍とともに英国軍を相手に戦った。日本軍が独立の約束を反故にしてミャンマーを軍事支配すると、こんどは日本軍と戦った。ようやく独立を勝ち取った直後に政敵に暗殺された悲劇の英雄だ。端正な顔立ちが意志の強さをしのばせる。

街角をまわると書店があった。店先の広告にはスーチーさんの伝記やエッセイなどがいくつも並ぶ。そのわきには『転落した独裁者』という本の広告があった。いかにもこれまでの軍政の指導者を皮肉るような配列だ。「転落した独裁者」の中にはヒトラーやスターリン、毛沢東らと並んで東条英機もいる。

スーチーさんをあしらったTシャツが売られていると聞いて下町のシャツの問屋街に行った

が、いくつも店が並ぶ中でほんの数軒にしか置いていなかった。赤い地のシャツで、背中側には黒でスーチーさんの顔をプリントしている。正面には白い星と黄色いクジャクが描いてある。スーチーさんが率いる国民民主連盟（ＮＬＤ）のシンボルマークだ。店頭には1年を通してスーチーさんの写真を載せた巨大なカレンダーがかかっている。「売り物ではない」というのを無理に譲ってもらった。

大通りに面したスーチーさんの自宅を訪れた。以前は軍政が通りを封鎖して近づけないようにしていた。今は門まで行けるし、軍や警察の見張りもいない。あわよくば本人に会えるかと思ったが、スーチーさんは首都に行っていて留守だった。閉まった門の上には、スーチーさんの父アウンサン将軍の若いころの肖像画がかけてある。ここもひっそりしている。ときおり外国人観光客が数人、門の隙間から中をのぞき込むくらいだ。

歴史的な政治の変化を目前にしながら、街は驚くほど平静だ。ほかの国なら民主化を前にして国民が街に繰り出したりポスターが貼り出されたりするところだが、それらしきものは何もない。市民の表情はふだんと変わらない。仏教国の穏やかな国民性に加え、長年続いた軍政が心の重石となって、市民が感情を自由に表現する習慣が失われたようにも思える。

とりあえず昼食をとった。街のレストランで食べたのは名物のモヒンガーだ。ナマズなどの魚から出汁をとったスープで、コクがある。辛くない牛肉のカレーやマンゴーのサラダ、さらにお茶の葉の漬物など、熱い天候のもとでとりわけ美味しく感じる。ミャンマー・ビールはさっぱりとして、のどごしがいい。

同じテーブルに48歳の運輸省の役人がいた。「私は政府の人間だけど個人的には軍政に反対で、新政権の誕生を幸せに感じています。わが国はこれから始まる。みんなでがんばれば発展できます。今はアジアで最低の国だけど将来は素晴らしくなる自信がある」と夢を見るような目つきをした。態度には見せないが、心の中では多くの国民がそう思っているのだ。

民主主義と言えば、欠かせないのが報道の自由だ。ミャンマー・ジャーナリスト協会の本部を訪ねた。

幹部のアウントゥミャインさんとアウントゥラさんによると、協会の設立は2012年8月だ。2人のジャーナリストが主導して組織し、今や1000人を超す会員を抱える。全国11か所に支部があり、2013年には東南アジア・ジャーナリスト・ユニオンにも加盟した。

中央執行委員である女性のルッラソーさんが、自ら編集長を務める週刊紙『国民の時代』を掲げながら語った。「まだ100%の報道の自由はありません。でも4年前には事前検閲制度を廃止させました。半世紀も国営の軍が経営する新聞しかなかった国で、3年前に6つの民間日刊紙が創刊されたのです。今も軍に不都合なことを書くと不利益を被るけれど、これからはもっと報道が自由になると期待しています」と話す。

実際、新政権の情報相に就任した少数民族アラカン民族の出身で著名な作家ペミン氏は、就任後の第一声で「ジャーナリストたちと力を合せて報道の自由の確立を強力に進める」と語った。

しかし、ルッラソーさんは新しい政府に期待するだけではない。「今よりは自由になると信じています。でも、どんなに政府が変わってもメディアが自由になれるわけではありません。私たちジャーナリストが自ら要求し自由に発言できる報道の自由を勝ち取るしかないのです。先週も記者の自宅に爆弾が投げられるなど記者の安全が保障されていない現状ですが、報道の自由は主張しなければ得られません」と、メディア人自身の努力を強調した。厳しい抑圧を乗り切っただけに、強い覚悟を持っている。

2 民主化の主役たち

平静な街の中で唯一あわただしい興奮に包まれていたのが、新政権を担う国民民主連盟（NLD）の本部だった。

「え？ ここが……」と思うほど質素だ。2階建てで、通りに面した1階は一見、小さな雑貨屋風である。今や一国の政権を担う党とはいえ、つい最近までは政府からにらまれる反政府派の人々のたまり場にすぎなかった。入り口近くには党のバッジや党旗などを売るガラスケースが置いてある。奥にはテーブルがありプラスチックの椅子がいくつか、ぶっきらぼうに置いてあるだけだ。

かろうじて政党のオフィスとわかるのは、壁の展示だ。アウンサンスーチーさんや父親のアウンサン将軍の特大の肖像写真が貼ってある。スーチーさんの写真の周囲を、赤地に白い星と黄色い「闘うクジャク」の党のシンボルマークのシールが取り巻く。

しばらく見ていると、隣の新築中の建物に入るよう促された。コンクリートの6階建てで、これが新しい本部だという。建築工事の作業員が足しげく出入りしており、見上げると5、6階部分は窓枠もまだ入っていない。階下も内装工事の途中だが、完成を待たずに早くも使っている。

人々に押されるようにして階段を上がると、4階のホールは薄いオレンジ色の伝統服を着た100人近い党員で埋まっていた。正面の舞台にはNLDの党旗を背に、最高顧問のティンウー氏ら幹部5人が並んでいる。手前には椅子がズラリと並べられ、各国の外交官が前列に陣取る。私は押し出されて2列目に座った。目の前に中国大使館から贈られた花束が飾ってある。この日は国軍記念日で、それを記念する集会がこれから開かれるのだった。

民主主義の党であるNLDが国軍の記念日を祝うのには理由がある。この日は第2次大戦中

国民民主連盟の本部で開かれた国軍記念日の集会
＝2016年3月、ヤンゴンで

にアウンサン将軍が率いるビルマ軍が日本軍を相手に武装蜂起した日だ。国軍は全国民のものであり、創設者のアウンサンの遺志を継ぐのは今の軍部ではなくＮＬＤだと自負しているのだ。

まずは全員が立ち上がり、アウンサン将軍ら独立のために闘って亡くなった人々のために黙とうをささげた。テインウー氏が演台に進み出た。

「新政権として国をリードする態勢はすでに整った。これからは選挙で選ばれた国民による、国民の政府となり、本当に幸せな国になる。全ての国民が和解し平和と民主主義の国に発展させよう。71年前、国軍は一握りの人々の利益のためでなく全国民のために戦った。今、この国は完璧な民主主義ではないが、国民全体の民主主義のため、民主的な国にするため力を合わせよう」と高らかに宣言した。

続いてNLD中央執行委員会の声明が読み上げられた。

「軍は自国民を抑圧するためにあるのではなく、武器を市民に向けて力を誇示するものでもない、とアウンサン将軍は語った。我々は国軍に対し国民の要求を満たすよう求める。独立の指導者は我が国を民主主義国家として建設した。政治問題に携わることができるのは（軍人ではなく）政治家のみだ。政治は政治家に、国民の安全は軍に、というすみわけを理解することが必要だ」

今も力を握る軍に対して、文民統制に従うようクギを刺す内容だ。

実は同じ時に首都ネピドーでは国軍が独自に軍事パレードを行っていた。戦車や歩兵、特殊部隊などが行進したあと、ミンアウンフライン総司令官は「われわれ国軍は国政に指導的な役割を果たす」と断言した。つまり、いったんは民政に戻したものの、秩序が乱れれば軍が再びクーデターを起こして実権を握るという宣言である。

NLDの政治家の表情が硬く、国民が民主化を素直に喜べない背景には、このような軍部の重圧がある。先ほどから街があまりに静かなのを不思議に思っていたが、これで理由がよくわかった。軍がなお強力な権力を握っているため、いつクーデターが再発するかわからない火種を抱えているからである。

2階の会議室でNLDの報道担当ラーミン氏にインタビューした。名前はラー（美しい）ミン（月）を意味する。つまり美月さんだ。顔には火傷のような跡がくっきりと残る。経歴を聞くと凄まじい闘争の人生を送ってきたことがわかった。

彼は1988年の学生の民主化運動に参加し、NLDの創設メンバーの一人となった。90年の総選挙では地方の議員に選ばれたが選挙結果を無視され、軍政によって逮捕されて7年間も投獄された。

当時のことを聞くと、「刑務所はピクニックではない」と一言つぶやいて押し黙った。よほどひどい仕打ちを受けたようだ。仏教徒なので牢屋の中で瞑想《めいそう》していたという。厳しい顔でそう語ったあと、「今は忙しくて瞑想することはないが」と笑った。強さの裏にユーモアの感覚も備えている。

新生ミャンマーをどんな国にしたいかをたずねると、「少数民族も同じ権利を持つ連邦民主主義国家を確立する。今は発展途上国だが、経済的に世界の国に並びたい。内戦状態にある中で最も困っている少数民族の草の根の人々の利益になるよう、誠意ある対話を進める」と力を込めた。

とはいえ、思うようにならないのは目に見えている。軍政が2008年に制定した憲法により、新政権は手足を縛られた状態だ。たとえば国会の議席の4分の1は最初から軍人に割り当てられている。「今の憲法は我々が賛成した憲法ではない。もちろん改正する」とラーミン氏はきっぱり語る。しかし、改革を急げば軍部が黙ってはいない。「しばらくは我慢が必要だ。徐々に、しかし、早くやる」と、そこは慎重に話した。

新政権が何に力を入れるかについては「これまで軍事費が国家予算で最も多く、逆に最も少ないのが教育と福祉費だった。僧院教育を頼りにして小学校もなかなか建てなかった。これからは軍事費を減らし、全国に新しい学校を建てる」と、まず教育を強化する方針を強調した。

周囲に政権の手足となる青年たちがいたので意見を求めた。すぐに応えたのは青年部の女性代表ザージーミーさん（32歳）だ。北部の少数民族カチン民族の出身である。「少数民族の権限がきちんと保障される国が必要です」と話す。

先ほどから少数民族の話題が多く出る。民主主義の問題は国軍だけではないのだ。

第4節　改革を阻むものと若者

1　多民族国家

ミャンマーの中部にバガンという古都がある。11世紀から13世紀にかけて栄えたバガン王朝の首都だった地で、日本で言えば京都にあたる。悠々と流れるイラワジ川沿いに、2217もの古いレンガ造りの寺院やパゴダが当時のまま林立している。カンボジアのアンコールワットやインドネシアのボロブドールと並び、世界3大仏教遺跡の1つと言われる。

パゴダ群を訪ねていると、1000年前に建てられたパゴダのそばに並ぶ土産物屋の店先で異様な人を見た。首に金属の輪を幾重にも重ねている。ミャンマー東部のカヤー州に住むパダウン民族の女性だ。女性が首に真鍮《しんちゅう》の輪をはめて首を長くする奇習で名高く、「首長族」と呼ばれてきた。

彼女たちは小さいころから首に真鍮の輪をはめられ、成長するにつれて1つずつ付け加えられる。このためキリンのように首が長くなる。実は首そのものが長くなるのではなく、金属の輪の重みで鎖骨が圧迫され肩がつぶれていくのだ。その場に4人の首輪の女性がいたが、輪の数がいちばん多い女性は21個もつけていた。

彼女たちは店先で機織りをしながら、織った布をその場で売っている。観光客を目当てに出稼ぎに来ているのだ。首に付ける真鍮の輪も店で売っていた。手に取るとずっしりと重い。これをいくつも、しかも一生つけていると、その重みは耐えがたいだろう。首の輪が多いほど美人だというが、足を縛りあげて歩けなくする中国のかつての奇習、纏足《てんそく》と同じで、本人にとっては迷惑だろう。

ミャンマーには135の少数民族がいる。大きく区分けしても8大民族が暮らしている。主要な民族がビルマ民族だ。この国には7州7管区あるが、民族ごとに州が分かれる。東部のシャン州にはシャン民族が住む。シャンは隣のタイ王国の旧名シャムに通じる。つまりタイ人に近い人々だ。北部の山岳地帯にあるカチン州に住むカチン民族は焼畑耕作や狩猟で暮らす。州が違えば民族も違うし、1つの州の中でも多民族が住む。ミャンマーは1つの国家だが、実態は多民族の合衆国もしくは合州国なのだ。

民族ごとに言語も風習も違うので治めるのは大変だ。生活があまりにも違うため、少数民族は強力な自治を主張してきた。それどころかカチン民族は独立を求めてカチン独立軍を組織し、政府軍との間で内戦を繰り広げている。少数民族対策は新政権にとって最も大きな課題の1つなのだ。

ミャンマー人の先祖はチベット系の遊牧民だと言われる。ヒマラヤ山脈の北側に住んでいたが先住民族が衰えるのに乗じて南下し、今の土地に移ってきたという。歴代3つの王国があった。最初の第1王国が、このバガンを首都としたバガン王朝だ。上座部仏教を取り入れ多数のパゴダを建てた。

マルコポーロの『東方見聞録』に、元《げん》の騎馬軍団と緬《めん》の象軍団が戦ったことが記されている。緬はミャンマーのことで、象軍団で戦って敗れて滅亡したのがこの第1王朝だ。つまり元《げん》寇《こう》で滅んだのだ。

このあとシャン民族が一時的に支配し、その後にタウングー王朝が支配し、さらにコンバウン王朝が少数民族のモン民族を破って国を統一した。モン民族はカンボジアのクメール人と民族的に近い。ミャンマーの歴史そのものがビルマ民族と少数民族との戦いだった。

これに輪をかけて民族紛争の火種をつくったのが、英国の植民地政策だ。英国は1885年までの3度の戦争によりミャンマーを植民地にしてしまった。英国がミャンマーを統治するのに使ったやり方が、悪名高い分割統治だ。

政治の中枢には英国人が座ったが、ビルマ民族を管理する官吏にはキリスト教徒で少数民族のカレン民族をあてた。ビルマ民族はカレン民族より下等な最下層に置かれた。ビルマ民族の不満の矛先は英国人よりも身近なカレン民族に向けられた。英国はビルマ民族と少数民族との対立を狡猾に利用したのである。

ミャンマーが英国から独立したさい、このような経緯から少数民族は独立もしくは強力な自治を求めた。政府が拒むと徹底抗戦し内戦となった。内戦は戦後の英国の独立の直後から、すでに60年以上も続いている。そのために軍部の力が強くなり、軍事独裁やクーデターのもとになった。

スーチーさんが率いる民主派政権は話し合いによる少数民族との和解を目指すが、軍部は武力による反政府武装勢力の徹底殲滅《せんめつ》を主張する。長年にわたって敵対して戦ってきただけに、軍部の方針を変えさせるのは簡単ではない。

これに輪をかけるのが近年のロヒンギャ問題だ。ミャンマー西部のラカイン州に住むイスラム系の少数民族ロヒンギャが仏教徒に迫害されて難民となり、バングラデシュやマレーシアなどに大量に脱出し国際問題となっている。

政府にとって少数民族問題は、さじを投げたくなるくらい頭の痛い難題なのだ。

僧院の寺子屋で学ぶ子どもたち＝2016年3月、バガンで

2　今も生きる寺子屋

ミャンマーでは義務教育の制度はあるものの、過去の軍事政権は教育より軍事を優先し、学校を十分に用意しなかった。国の制度の不備に加えて、貧しさのため学校に通えない子も多い。ヤンゴンの街を歩いていると観光客に絵葉書を売ろうとする子どもたちが群がってくる。

ヤンゴンで新政府の報道担当ラーミンさんが教育について語ったさい、「これまでは僧院教育に頼ってきた」と言った。僧院教育とは僧が住む僧院が学校となったもので、日本で言う寺子屋である。日本の寺子屋の起源は中世にお寺で行われた教育だと言われるが、ミャンマーでは寺子屋が今も健在だ。

バガンの町にあるジェタウン僧院教育センターを訪ねた。寺に付属する僧院が学校を兼ねている。生徒たちは男女とも白いシャツに緑の民族衣装ロンジーをつけている。ミャンマー全国に共通した学生の制服だ。生徒たちは僧院の門をくぐるときにサンダルを脱いで裸足になる。僧院の中は土の上でもすでに神聖な場所なのだ。

子どもたちの中には、えんじ色の袈裟を肩から垂らした少年僧もいる。いつから僧になったかと聞くと「3日前から」と言う。「これが本当の三日坊主だ」と冗談を言いたくなったが、真剣な目を見ると口に出すのをグッとこらえた。

この教育センターは10年前の2006年に設立された。最初の生徒は46人だったが、今は小中学生約500人が学ぶ。庭の奥にはヤシの葉で屋根をふいた小屋がある。床はなく土がむきだしのままだ。最近まではここが教室だった。

今は2階建てのコンクリートの建物が校舎だ。朝は2階の講堂で僧が説法したあと、全員が堅い床に座って瞑想する。その後に45分の授業が午前中に4時限、昼休みをはさんで午後に4時限ある。英国の植民地だったこともあり、英語は小学校1年から学んでいる。「本当は1クラス25人学級にしたいが、そうすると先生をたくさん雇わなければならない。資金がないので60人学級になっている」と校長の僧はこぼす。

生徒は明るい。13歳の女生徒の中には「プロのデザイナーになる」「エンジニアになりたい」という子もいる。3日前に得度した少年僧は「立派なお坊さんになりたい」とはにかんだ。

父母について聞くと「お母さんは厳しい。お父さんはいつも酔っている」と答えた子がいて、みんな笑った。どこの家庭も似たような状況のようだ。東南アジアでは男性は昼間からぶらぶらする一方で、女性がせわしげに働く姿をよく見かける。ここも同じだ。

目の前にいた約20人の中学生のうち日本の首都を知っているかと聞くと、手を上げたのは5人だけだった。手を上げるときに人差し指で天を指すしぐさをする。お釈迦様が「天上天下唯我独尊」と言ったときの形だ。

日本についてほかに知っていることをたずねると、みんな顔を見合わせている。僧が「ソニー、ニッサン、トヨタ……」と助け船を出すと、1人の女生徒が手を挙げて「フジ（富士）」と答えた。ほかに日本についての知識はない。

一方、韓国についての知識は多い。韓国のテレビ放送は無料で見られるからだ。韓流ドラマもよく見られている。これに対して日本の番組は有料なので、見ることができない。だから日本文化も知らない。テレビ放送くらいは無料にして、日本文化を広めればいいではないか。

ならば日本の歌を紹介しようと「幸せなら手をたたこう」を歌ってみせると、子どもたちが顔を輝かせてミャンマーの言葉でこの歌を歌った。テンポがかなり速いが、しぐさは日本といっしょだ。歌はいつの間にか伝わったようだ。

教育センターのパンフレットを見ると、ミャンマーのことわざが書いてある。「2隻の船に同時に乗るな」というのは「二兎追う者は一兎をも得ず」と同じ意味だ。「水牛に竪琴」は「馬の耳に念仏」にあたる。考え方は私たちとよく似ている。

2014年のミャンマーの国勢調査によると、この国では10歳から17歳の子ども170万人のうち、5人に1人は学校に行かずに働いている。貧困や内戦のためだ。電気がついている家庭は3分の1に過ぎない。世界の最貧国に位置づけられて資金が乏しい。

こうした状況に日本人としてどうかかわればいいのかについて、ヒントを与えてくれた団体がある。私がミャンマーに向かったのと同じ飛行機に、NPO法人「地球市民ACTかながわ/TPAK」の近田《ちかだ》真知子代表ら大学、高校生を含む14人が同乗していた。今回はスタディツアーだがミャンマーとの交流や援助を15年も続けている。

うち4人は桐蔭学園高校男子インターアクトクラブの生徒だ。バザーや街頭募金で約40万円を集め、「TPAK」からの募金と合わせて約70万円をミャンマー東部の少数民族シャン民族の村の保育園を増築する資金として寄付した。増築した建物が完成し、落成式に参加するのが今回の旅の目的だ。

部長の鬼澤勝也《かつや》君は前年に続いてのミャンマー訪問だ。前回の訪問のさい竹で作られ今にも床が抜けそうな保育園の建物を見たことに衝撃を受け、全力で募金活動をした。そのかいあって100人を収容できるコンクリートの建物が完成した。「これで子どもたちが安心して学べると思うとうれしくて」と鬼澤君は言う。日本の絵本にミャンマー語をはりつけて園児にプレゼントした。

現地の高校生たちと交流会をし、お互いの国のことを教え合った。「話したミャンマーの高校生の9割が先生になりたいと希望していた。新しい国づくりに貢献したいという思いが強く伝わってきた」と鬼澤君は語る。自身の人生にとっても良い刺激になったようだ。

政府による援助も必要だが、こうした民間による、顔の見える、現実に根差した教育分野での支援が最も効果的だと感じさせる。

第5節　クジャクの闘い

1　日本との深い関係

仏教遺跡の町バガンで最も高い建物がタビニュ寺院だ。その向かい側にあるタビニュ僧院の一角に、この国で亡くなった日本兵の鎮魂、慰霊碑がひっそりと建っていた。「鎮魂」の2文字を刻んだ四角い碑の願主は「弓兵団」の戦友会だ。そばには「弓部隊戦没勇士の墓」と書いた墓碑が建つ。

第2次大戦中、日本軍は32万人を超える将兵をビルマ方面軍として派兵した。そのうち生きて故国に帰ることができたのは約13万人にすぎない。3分の2に当たる約19万人が死んだ。それも多くは戦死というより病死さらには餓死である。

中でも悪名高いインパール作戦は白骨の山を築いた。その作戦の実行に執着した牟田口廉也《むたぐちれんや》中将は、日中戦争が本格化するきっかけとなる盧溝橋事件で戦闘命令を下した軍人だ。その彼がミャンマーでは無謀な作戦を指揮して多くの兵士を死に追いやった。自分は日本に帰国し、作戦失敗の理由を「部下の無能」のせいにした。無責任な指揮官の典型と言われる。

彼が率いた第15軍の傘下にいた第33師団は宮城県仙台市で編成された。通称を「弓」と言い、弓兵団あるいは弓部隊と呼ばれた。その犠牲者をしのぶ碑がこれだ。

ミャンマーと日本軍の関係は深い。1937年に日中戦争が始まると当時の中国の蔣介石政府を支えるため英国は植民地のビルマから中国に物資を運んだ。その輸送路を援蔣《えんしょう》ルートという。日本軍はこの道を断ち、同時に英国に打撃を与えるため、独立運動をしていたビルマ人を利用しようと考えた。

参謀本部の鈴木敬司《けいじ》大佐が作った南機関が目を付けたのが、英国からの独立運動の中心となっていたアウンサンだ。鈴木大佐はアウンサンら「30人志士」を日本に招き、彼らに武器を与えて中国南部の海南島で軍事訓練をした。英軍を追い払ったあとはミャンマーを独立させると約束したため、アウンサンらは独立義勇軍を結成し日本軍とともに英国を相手に戦った。ところが日本軍は独立の約束を反故にしてミャンマーを軍事支配した。日本はミャンマーの人々の期待を裏切ったのだ。

鈴木大佐はアウンサンと日本軍大本営の間に立って困った立場となり、命令で本土に引き揚げさせられた。彼はオスマン帝国からのアラブ独立運動を指導した「アラビアのロレンス」のような働きをした。ミャンマーの人々は今も、独立を支援してくれた鈴木大佐を慕っているという。

日本軍のミャンマー支配は過酷で、タイとミャンマーをつなぐ泰緬《たいめん》鉄道の敷設にミャンマー人を駆りだして強制労働させた。この結果、3万人から8万人と言われるミャンマー人が亡くなった。「枕木一本につき一人が死んだ」とさえ言われる。今も「残虐」を意味する「キンペイタイン（憲兵隊）」の言葉がミャンマーに残る。

アウンサンらの独立義勇軍は反ファシスト人民自由連盟を組織して、こんどは日本軍を相手に戦った。ようやく独立を達成した直後、アウンサンは政敵によって暗殺された。

戦時中のミャンマーを舞台に描いた竹山道雄の小説『ビルマの竪琴』のモデルになったと言われるのが、インパール作戦に参加した第31師団「烈」兵団58連隊の吉本隊だ。音楽学校の出身者が指揮者となって20人のコーラス隊を作り、「うたう部隊」と呼ばれた。捕虜となった収容所では日本の歌だけでなく「オールド・ブラック・ジョー」など米国の歌も歌った。隊員の中に竹山道雄の教え子がいたという。

主人公の水島上等兵のモデルと言われたのが群馬県出身の僧侶、故中村一雄さんだ。僧侶なのに召集され、ミャンマーの戦場では戦死者の遺骨を埋めて供養した。帰国後は武者一雄のペンネームで実録『ビルマの星空』などを著し、コーラス隊の活動を紹介した。

群馬県昭和村の雲昌寺《うんしょうじ》をたずねると、長男の真一さんが跡を継いでいた。「父は、平和はありがたい、戦争をしてはならないといつも話していました」と語る。中村さんは戦後もミャンマーをたびたび訪れ戦争犠牲者の慰霊塔を建てた。さらに小学校を建てて寄贈した。その学校では今も子どもたちが毎日、中村さんの写真に手を合わせているという。

戦後になって日本はミャンマーに戦時賠償や政府開発援助（ＯＤＡ）をした。軍政時代に欧米は人権抑圧を嫌ってミャンマーへの援助をやめたが、日本はあえて軍政を経済支援した。このとき日本が外国からの援助のトップを占め、一時期はミャンマーへの援助の８０％が日本からだった。だが、日本から入った資金は軍人幹部と日本企業の懐を潤しただけだと言われる。軍事政権がこれほど長く続いたのは日本が援助したからだとも言われる。

だから民主化勢力からの評判は良くない。２０１３年に来日したスーチーさんは「日本の援助を期待するが、国民を念頭に置いた援助をしてほしい。援助は国家権力のためでなく、国民に向かうべきものです」とはっきり語った。

今、技能実習の名目で日本にやってくるミャンマーの人々がかなりいる。実態は外国人労働者だ。低賃金で集団生活を強いられ、より条件の良い仕事先を求めて逃げ出す人が後を絶たない。

長野県で高原野菜を収穫する作業に従事する「技能実習生」の逃亡について、関係者からこんな話を聞いた。「中国人は住んでいた部屋を散らかしたまま逃げる。ベトナム人は布団を上げたあとで逃げる。ミャンマー人は布団を上げて部屋を掃除してから逃げる」と。それぞれの国民性を表しているようだ。とりわけミャンマー人の律義さが印象的だと言う。

軍政の弾圧を避けて日本に逃げてきたミャンマー人もいる。その人々が民主化を機に帰国する動きがある。民主化の時代の今こそ、日本がミャンマーの人々の立場に立った新しい国づくりに向けて手を貸すべきだろう。

2　これからどうなる

イラワジ川はゆったりと流れる。どちらが上流なのか、いや、流れているかどうかさえわからないような静かな動きだ。

川に面した古都バガンの一角にミンチントゥ村がある。バガンは今から約１０００年前にこの国の最初の王朝の首都として繁栄したが、当時の面影を今に伝えるのがこの村だ。

赤い屋根の家、赤土の道を歩いていると、ブオーッというすさまじい音が遠くから響いてきた。拡声器で音楽を流しているのだ。音のする方に行くと、行列がやってきた。２頭の白い牛

牛車が連なる得度式の行列＝2016年3月、バガンで

が牽《ひ》く牛車が10台くらい、一列になって村を練り歩いている。幼い男の子が坊さんになる得度式だ。

牛は肩にコブを持つ白いセブー種だ。2頭の白牛は頭や背中に赤や黄色の花飾りをつけている。牛が牽く車は祭の山車《だし》のようだ。金色の彫刻が施されているものもある。荷台には座席が作られて金色や紫色のきらびやかな衣装を着た幼い子が座り、かたわらの女性が子どもに日傘を差しかける。

列が向かうのは僧院だ。子どもは頭の毛を剃り落として見習い僧の沙弥《しゃみ》になる。もっとも彼らの出家の期間は1週間から1～2ヵ月にすぎない。それが過ぎるとまた元の生活に戻る。

得度式を行う男の子は普通7〜8歳だが、この行列の子の最年少は5歳だった。着ている衣装は王子の装束をあしらったものだという。日本でいえば七五三に当たるような通過儀礼だけに、親は貯金をはたいてせいいっぱい着飾らせる。

ヤシの葉で屋根をふいた家が並ぶ集落に入ると、屋外の機織り機で娘が布を織っていた。2階建ての雑貨屋の店先では食べ物や布地のほか、絵葉書などの土産物も売っている。そばの土間にはゴザの上におばあさんが座って、特産の葉巻をくゆらせている。おばあさんは91歳だった。葉巻を口から離すと、かたわらの糸車を回して糸を紡ぎ出した。

こうした風景を見ていると実にのどかだし、長く続いた慣習を人々が守って過ごしていることがわかる。いつまでも変わらないように思える。

しかし、店の2階のバルコニーをふと見て驚いた。ミャンマー語と英語で「国民民主連盟」と書いたピンクの看板が掛かっている。ここはアウンサンスーチーさんの与党の支部事務所でもあるのだ。軒には赤い横断幕が掲げられており、スーチーさんと父親のアウンサン将軍の写真が掲げてある。スーチーさんの影響力はこんな地方にもきちんと及んでいる。時間はかかるだろうが、この国は着実に変わっている。

気になるのは新政権の実力に比べて国民の期待が過大なことだ。新政権の裁量の範囲は限られている。新鮮なうちに目に見える成果が出なければ、期待は反発に変わるだろう。スーチーさんは政権を握る3年前に「私は魔術師ではない」と語った。しかし、国民は彼女に実現不可能な夢を期待する。

スーチーさんは新政権が生まれた早々、国家顧問兼外相に就任した。事実上の国家指導者だ。軍政時代につくられた憲法はスーチーさんが大統領になれないように「外国籍の家族がいると大統領になれない」と定めた。スーチーさんが英国人と結婚し英国籍の2人の子どもがいることを狙い撃ちしたのだ。これに対してスーチーさんら新政権は頭を絞り、憲法の他の条文を使って国家顧問という大統領を上回る新しい役職を創り上げた。実にしたたかだ。

スーチーさんは閣僚たちに「最初の100日間で顕著な変化を」とはっぱをかけた。その期間もその後も、だれよりも精力的に動いた。外相として周辺国や日本、米国を回って新生ミャンマーへの支援を訴えた。国家顧問としてはすべての少数民族との和平を目指す会議を開いた。軍政時代に停戦協定に応じなかったカチン独立軍も含め、20以上の少数民族武装組織の大部分が参加した。国連事務総長も出席して国際的な支援を表明した。

2016年11月に来日したさい、スーチーさんは軍政下で決めた憲法を改めて国を真の民主化に導く意欲を示した。そのさいに口にしたのが「これからが始まりです」という言葉だ。1945年6月19日生まれのスーチーさんは、このとき71歳だった。

かつて彼女はこう言った。「90歳、100歳まで生きることが、充実した人生を送ったということにはなりません。充実した人生を生きるには、自分以外の人たちの願いをかなえるために責任を負う勇気を持たねばなりません」

スーチーさんが率いる党のシンボルマーク「闘うクジャク」は、彼女自身の姿でもある。ミャンマーのクジャクは、人々の願いを一身に背負って困難な闘いを続けている。

あとがき

旅に出たいと思ったことはないだろうか。逃げるためではなく、向かう旅へ。知的好奇心を満たし、明日の自分をつくるために。

権力におもねて卑屈に生きるのは貧しい人生だ。小粒でも自由で凛とした生き方を貫きたい。行き詰まった自分や不満な社会を変えたい。そうは思っても、どうしたらいいのか。考えあぐねたら山のあなたや水平線の彼方に身を移してみることだ。これまでの常識を越えた世界が、新鮮な衝撃を与えてくれる。

今から40年以上も前、学生時代の私は米国やヨーロッパなどの「大国」でなく、まったく異質な社会に魅かれた。ソ連という「大国」もあったが、どうもうさんくさい。人間的な社会を目指した「小国」キューバに興味を持った。奥地のサトウキビ畑でキューバ人とともに半年近く、サトウキビを刈った。

次は東ヨーロッパだ。就職の内定を断ってルーマニアに飛んだ。人生を旅で過ごす「ジプシー」ことロマ民族を追う流浪の旅だ。想像もしなかった生き方に接し、テレビや新聞ではうかがい知れない世界があることを肌で感じ取った。「1ヵ所にとどまれば精神が腐る」という彼らのことわざに共感した。

その延長で新聞記者になってからも世界を旅した。中南米、欧州、米国の特派員をし、週刊誌『AERA』の記者としてアジアを回った。退職後はフリーのジャーナリストとして、これまで世界78の国を現地で取材した。記者の目で現地を探り各地を見比べると、「大国」と呼ばれる国よりも独自の価値観を持ち自立する「小国」の方が、人間も国も輝いていることを知った。

思えば私たちの日本は明治以来、ひたすら「大国」を夢見てきた。まずは軍事大国となり、無謀な戦争で挫折したあとは「超大国」にすり寄り、経済大国になると図に乗って、過去の軍事大国に戻ろうと画策する。

しかし、気がつけば経済で中国に追い抜かれ、不況は長引き、経済大国は有名無実だ。正社員を保つことすらできず、年金さえ保障されない。幸福度の世界ランキングは先進国で最下位で、開発途上国よりも下にある。本来の豊かさにおいて、日本は途上国に後退している。

私の旅好きを知った東京の富士国際旅行社が2012年に「伊藤千尋さんと行く○○」という旅を企画した。参加者を案内しながら現地をまわる旅だ。以来、コスタリカに3回、ベトナムに2回、さらにキューバやフィリピンなどを訪れた。

本書は、この企画で２０１６年から１７年にかけて訪れたコスタリカ、キューバ、ウズベキスタン、ミャンマーの旅で目にした記録である。ウズベキスタンとミャンマーは初めての訪問で新鮮だったし、コスタリカやキューバはそれまでの訪問で得た知識の蓄積を内容に込めた。

そもそも旅の企画を提示してくださった富士国際旅行社の太田正一社長や実際の企画を練り現地に同行してくれた遠藤茜さん、本書の刊行の窓口となってくれた新日本出版社の森幸子さん、そして原稿を隅々まで読んで適切なアドバイスをいただいた田所稔社長には感謝の念に堪えない。

今の日本のあり方に首をかしげている方にこそ、本書を読んでいただきたいと思う。

２０１７年４月　桜が満開の東京で　　伊藤千尋

伊藤　千尋（いとう・ちひろ）
1949年、山口県生まれ。71年にキューバでサトウキビ刈り国際ボランティアに参加。73年、東京大学法学部を卒業、東大「ジプシー」調査探検隊長として東欧を調査する。74年、朝日新聞社に入社。東京本社外報部などを経て、84～87年サンパウロ支局長。88年『AERA』創刊編集部員を務めた後、91～93年バルセロナ支局長。2001～04年ロサンゼルス支局長。現在はフリーの国際ジャーナリスト。「コスタリカ平和の会」共同代表、「九条の会」世話人も務める。
主著に、『一人の声が世界を変えた！』『辺境を旅ゆけば日本が見えた』（以上新日本出版社）、『今こそ問われる市民意識』（女子パウロ会）、『地球を活かす――市民が創る自然エネルギー』『活憲の時代』（以上シネ・フロント社）、『新版 観光コースでないベトナム』『キューバ～超大国を屈服させたラテンの魂』（以上高文研）、『世界一周 元気な市民力』（大月書店）、『反米大陸』（集英社新書）、『たたかう新聞――「ハンギョレ」の12年』（岩波ブックレット）、『太陽の汗、月の涙――ラテンアメリカから問う』（増補版、すずさわ書店）、『燃える中南米』（岩波新書）など多数。

凜《りん》とした小国《しょうこく》

2017年5月25日　初　版

著　者　伊藤千尋
発行者　田所　稔

郵便番号　151-0051　東京都渋谷区千駄ヶ谷4-25-6
発行所　株式会社　新日本出版社
電話　03（3423）8402（営業）
03（3423）9323（編集）
info@shinnihon-net.co.jp
www.shinnihon-net.co.jp
振替番号　00130-0-13681

印刷　亨有堂印刷所　　製本　小泉製本

落丁・乱丁がありましたらおとりかえいたします。

JASRAC 出 1704694-701
ISBN978-4-406-06142-1 C0095　Printed in Japan